suhrkamp nova

Eva Leipprand

POLITIK ZUM SELBERMACHEN

Eine Gebrauchsanweisung

Suhrkamp

Umschlagillustration: Anja Nolte

suhrkamp taschenbuch 4268
Erste Auflage 2011
Originalausgabe

Druck: CPI – Ebner & Spiegel, Ulm
Printed in Germany
Umschlaggestaltung: Göllner, Michels
ISBN 978-3-518-46268-3

1 2 3 4 5 6 – 16 15 14 13 12 11

POLITIK ZUM SELBERMACHEN

Eine Gebrauchsanweisung

Inhalt

Einleitung

Heute Morgen beim Zeitunglesen hast du dich wieder einmal furchtbar aufgeregt. Was machen die doch für einen Mist in der Politik! Sie fahren den Karren an die Wand, und unsereins muss es ausbaden. Und kann nichts dagegen tun!

Wirklich nicht? Versuch's doch mal mit *Politik zum Selbermachen*!

Dieses Buch zeigt dir, wie es geht. Wie kommt man rein in die Politik? Welche Hürden muss man überwinden? Wie läuft der Betrieb da drin eigentlich ab? Und was ist das für ein Gefühl, wenn du endlich an den Hebeln der Macht sitzt? Dazu der ultimative Test: Taugst du zum Politiker oder solltest du doch lieber die Finger davon lassen?

Und so funktioniert *Politik zum Selbermachen*:

Wir stellen dir zu Beginn jedes Kapitels eine Szene vor – Politik, wie man sie kennt, Politik vor Ort. Begebenheiten, wie sie in Städten mittlerer Größe überall zu beobachten sind. Dann bist du an der Reihe und teilst uns deine Gefühle, Meinungen und Erfahrungen mit, während du dich immer tiefer in das politische Geschäft hineinbegibst. Du wirst dich dabei durch die unterschiedlichen Ressorts bewegen und auch gendermäßig flexibel sein. Du kannst ein Mann sein oder eine Frau. Du wirst hier einem Oberbürgermeister, dort einer Oberbürgermeisterin begegnen (→ »Die Frauen und die Männer«). Als dritter Schritt folgt der Stoff der Lektion in der Zusammenfassung, und zum Schluss bist du aufgefordert, dich zwischen vier Möglichkeiten der Weiterarbeit zu entscheiden. Das ist nicht einfach! Aber wer nicht entscheiden kann, taugt nicht für die Politik.

Den Antworten sind Punkte zugeordnet. Die Auswertung

am Ende gibt dir Auskunft über deine Eignung zum Politiker.

Viel Spaß – und: viel Glück!

FÜR ANFÄNGER

DER EINSTIEG

Die Zustände auf dem Kaiserplatz sind untragbar geworden. Täglich berichtet die Zeitung über unschöne Vorkommnisse, Gegröle, Pöbeleien und Randale bis hin zu Messerstechereien. Kürzlich kam ein junger Mann nur knapp mit dem Leben davon, als er von zwei Volltrunkenen völlig grundlos attackiert wurde. Anwohner klagen über die Hinterlassenschaften der nächtlichen Exzesse: zertretene Döner, Scherben, Urin, Erbrochenes. Ausgerechnet auf dem schönsten Platz der Stadt, der auf jeder Postkarte abgebildet ist, hat sich um ein paar einschlägige Lokale herum eine Vergnügungsszene entwickelt, die dem Ruf der Stadt allmählich schadet. Junge Leute, vornehmlich aus dem Umland, fallen hier allnächtlich ein, den Kofferraum gefüllt mit Bierkästen und auch schärferen Getränken. Sie posieren an ihre Wagen gelehnt oder versuchen, kurz vor Mitternacht durch einen quietschenden Blitzstart Aufsehen zu erregen. Sehr beliebt ist auch das gockelhafte Auf-und Abfahren, während das Wummern und Stampfen der Bässe aus den geöffneten Wagenfenstern dröhnt.

Das Problem, das derzeit eskaliert, ist nicht neu. Schon seit vielen Jahren ist der Brunnen in der Mitte des Platzes ein beliebter Treffpunkt, insbesondere in Sommernächten, wenn der Vollmond über der historischen Kulisse steht. Das Brunnenwasser wird zum Kühlen der Getränke genutzt, und wenn der Fußballverein endlich einmal wieder gewonnen hat, halten die Brunnenfiguren Siegesfahnen in der Hand. Dann allerdings nimmt die Zahl der Feiernden ein solches Ausmaß an, dass der Autoverkehr blockiert ist und auch die Straßenbahn nicht mehr durchkommt. Am nächsten Morgen liegen die Scherben knöcheltief.

Wechselnde Stadtregierungen haben sich vergeblich bemüht, das Problem in den Griff zu bekommen. Vor einigen Jahren hat der Stadtrat beschlossen, endlich Nägel mit Köpfen zu machen und den Platz für den Autoverkehr zu sperren. Die Wogen der Entrüstung schlugen hoch. Häme und Spott troffen aus den Leserbriefspalten der Zeitung, bis die Sperrung so schnell verschwand, wie sie gekommen war.

Auch jetzt ist keine Lösung in Sicht. Ordnungsrechtliche Maßnahmen wie zum Beispiel die Schließung der Lokale um ein Uhr nachts erregen den Unmut der Jugendlichen und bringen der Stadt den Ruf eines Provinzkaffs ein, weshalb die Stadträte, die es sich mit keinem, schon gar nicht mit der Jugend verderben wollen, die Maßnahme wieder aussetzen. Versuche, die Wirte stärker in die Verantwortung zu nehmen, scheitern am Geschäftssinn derselben. Die Polizei sieht sich außerstande, allabendlich Streifenbeamte von anderen Aufgaben abzuziehen, um auf dem Kaiserplatz für Ordnung zu sorgen.

Die Stadthistorikerin beklagt den Niedergang der einstigen Pracht, die Hausbesitzer melden horrenden Wertverlust ihrer Immobilien. Kopfschüttelnd wenden sich die Touristen ab. Der Verkehrsverein und die Einzelhändler schreiben wütende Briefe an den Oberbürgermeister. Wegen der nächtlichen Exzesse ziehen die Mieter an den Stadtrand und lassen das Herz der Stadt verödet zurück.

Was denkst du?

Genau so ist es! Du gerätst in einen heiligen Zorn. Sie kriegen einfach nichts zustande, diese Weicheier! Das ist doch eine Bankrotterklärung der Politik. Kein Konzept, keine

Strategie, nur ein Kneifen und Herumdoktern an Symptomen, so kommt man nicht weiter. Es kann doch nicht so schwer sein, für diesen Kaiserplatz eine Lösung zu finden, die alle zufriedenstellt.

Du denkst, du solltest vielleicht selber in die Politik gehen. Da gibt es offenbar zu viele Leute, die ihre Verantwortung nicht in der richtigen Weise wahrnehmen. Oder ganz einfach unfähig sind. Seit Jahren hast du mit deinen Freunden über solche Fragen diskutiert, bist auch schon einmal bei einer Bürgerversammlung gewesen, doch geändert hat sich nichts. Du bist sicher, du kannst es besser.

Die ganze Richtung stimmt nicht, man müsste die Dinge im größeren Zusammenhang sehen. Die Vision fehlt, alles ist viel zu provinziell und kleinkariert. Warum schaffen sie es nicht, ein vernünftiges Verkehrssystem einzurichten und das Wirtschaftsleben anzukurbeln? Und die Schulen endlich in einen zeitgemäßen Zustand zu bringen? Jeder weiß schließlich, dass in der Bildung der Kinder unsere Zukunft liegt. Ganz abgesehen davon, dass der soziale Kitt in der Stadt brüchig zu werden droht, hier muss unbedingt etwas geschehen. Unsere Stadt hat doch das Zeug, Stärke und Glanz zu entwickeln, man muss es nur richtig anpacken! Vielleicht bist du sogar ein Idealist und glaubst, dass gute Politik für deine Stadt auch gute Politik für die ganze Welt ist. Was kann man hier nicht alles machen, für die soziale Gerechtigkeit, für die Umwelt und gegen den Klimawandel. Mitbauen an einem zukunftsfähigen guten Leben. Ein kleines bisschen die Welt retten. Du fühlst, es ist Zeit, politische Verantwortung zu übernehmen.

Lektion

Eine solche Entscheidung sollte man sich gründlich überlegen. Der Politiker (es gibt auch Politikerinnen, → »Die Frauen und die Männer«) gehört zu den unbeliebtesten Leuten überhaupt, hinter ihm kommt nur noch der Versicherungsvertreter. Das merkt der Politiker nicht gleich, weil ihm die Leute meist mit Ehrerbietung und Respekt begegnen. Sie tanzen um ihn herum, reden ihm nach dem Mund und begrüßen ihn bei jeder Gelegenheit mit Lob und Preis, sie brauchen ihn ja. Aber sie mögen ihn nicht. Das merkt er spätestens dann, wenn die Dinge einmal nicht so glatt für ihn laufen. Dann kann die Bürgerin, die ja auch die Wählerin ist, über Nacht sehr ungemütlich werden und ihn fallen lassen wie eine heiße Kartoffel.

Und irgendeiner ist immer unzufrieden. Wie auf dem Kaiserplatz. Von der Presse ist in so einer Situation keine Gnade zu erwarten, die freut sich an dem ergiebigen Thema und hält es am Köcheln. Leicht kann es geschehen, dass sich die Lage zuspitzt und am Ende eine Rücktrittsforderung im Raum steht. Von da ist es nicht weit bis zum unrühmlichen Abgang, und man hat nicht nur den Job, sondern auch den guten Ruf verloren.

Du lässt dich von deinem Vorsatz nicht abbringen. Was tust du?

◯ 1. *Du möchtest dich gründlich vorbereiten und beginnst ein zwölfsemestriges Studium der Politikwissenschaft.*

◯ 2. *Du schaust noch einmal ein paar Diskussionsrunden im*

Ersten, im Zweiten und bei RTL an und gibst dein Vorhaben auf.

○ **3.** *Du lässt dich von einer Bekannten in die nächste Sitzung ihres Ortsvereins mitnehmen.*

○ **4.** *Du bist froh, dass du dieses Buch gekauft hast, und arbeitest es durch.*

DER ORTSVEREIN

Der Ortsverein tagt im Nebenzimmer einer Gaststätte, dem ehemaligen Wienerwald. Sehr gemütlich ist es nicht, aber immerhin ist die Bedienung mit einem großen Tablett Weizen unterwegs. Der Raum ist etwa zur Hälfte besetzt, vorwiegend mit älteren Herrschaften, als die Ortsvereinsvorsitzende das Wort ergreift (es gibt selbstverständlich auch männliche Ortsvereinsvorsitzende, das ist sogar die Regel, → »Die Frauen und die Männer«). Sie begrüßt die Mitglieder des Ortsvereins herzlich und beginnt die Sitzung mit einer Schweigeminute für den gemeinsamen Freund Josef, der während der Sommerpause leider ganz unerwartet verstorben ist. Der nächste Tagesordnungspunkt ist die Ehrung zweier langjähriger Mitglieder, die eine Urkunde und eine Ehrennadel erhalten, die ihnen die Vorsitzende auch gleich mit launigen Worten ans Revers heftet. Einer der beiden erinnert in einer kleinen bewegenden Rede an Josef und all das, was er für die gemeinsame Sache geleistet hat.

Dann wird ausführlich und sehr kontrovers über das Ziel des gemeinsamen Jahresausflugs diskutiert. Dass mit dem Bus gefahren werden soll, ist unstrittig, aber die Entscheidung zwischen Südtirol und dem Tannheimer Tal fällt nicht leicht. Das Abstimmungsergebnis für Südtirol ist knapp. Die Vorsitzende gibt ihrer Hoffnung Ausdruck, dass sich trotzdem alle gemeinsam auf die Reise freuen, die ja den Zusammenhalt des Ortsvereins stärken soll. Und Zusammenhalt brauche er, der Ortsverein, sagt sie, schließlich stünden Wahlen vor der Tür. Da werde man wieder alle Kraft zusammennehmen müssen, um im Stadtteil zu mobilisieren. Alle seien aufgerufen, Plakate zu kleben und aufzustellen und die

Wahlzeitung in die Briefkästen zu werfen. Der Verteilerplan werde gerade vorbereitet. Die Listen hingen bereits aus und jeder solle sich baldmöglichst eintragen. Selbstverständlich komme der Oberbürgermeisterkandidat auch hierher in den Ortsverein, um ihnen Mut zu machen für die kommende Wahl. Der Termin stehe schon fest. Und der wisse natürlich, der hoffentlich künftige OB, wo hier im Viertel der Schuh drückt; dass der Sportverein seit Jahren auf eine neue Halle wartet und dass die Bewohnerinnen und Bewohner überhaupt nicht einverstanden sind mit dem geplanten Bau eines Hackschnitzelheizkraftwerks in ihrem Viertel, wegen des zu erwartenden Anlieferverkehrs. Sie habe den Kandidaten umfassend informiert und ihm deutlich gemacht, dass die Menschen den Kraftwerksbau mit allen Mitteln bekämpfen werden. Sie selbst, sagt die Ortsvereinsvorsitzende, stehe bekanntlich auch auf der Liste und werde sich für den Sieg mit allen Kräften einbringen. Sie erinnert an ihren Einsatz in den vergangenen Jahren und ihre Verdienste um den Stadtteil, der ihr mit all seinen Bewohnerinnen und Bewohnern zutiefst am Herzen liege, und bedankt sich für die Unterstützung, die sie von den Mitgliedern des Ortsvereins immer und überall erfahren habe.

Mit großem Applaus endet der offizielle Teil der Sitzung, was aber keinen daran hindert, noch ein zweites Weizen zu bestellen und dabei hinter vorgehaltener Hand über die Ortsvereinsvorsitzende herzuziehen, die diesen Posten nur deshalb bekommen habe, weil ihr Vater viele Jahre Landtagsabgeordneter gewesen sei und weil sie hier im Viertel in allen Vereinen die Finger drin habe, insbesondere bei der Freiwilligen Feuerwehr und im Gartenverein Himmelsruh. Außer einer ausgeprägten Fähigkeit zum Intrigenspinnen habe sie nichts auf dem Kasten. Aber so sei es nun einmal, an ihr komme man nicht vorbei. Die Wahl allerdings müsse ein Erfolg werden. Sonst sei es an der Zeit, dass Köpfe rollen.

Was denkst du?

Das kann doch alles nicht wahr sein! Wo bleibt denn hier die Sache? Wo die Ziele, die Visionen? Das ist ja trostlos. Die großen, entscheidenden Themen der Politik kommen hier gar nicht vor. Die Position dieser Ortsvereinsvorsitzenden ist im Wesentlichen erblich begründet. Und wenn sie wirklich in den Stadtrat gewählt wird, dann weiß sie, was sie zu tun hat: Sie hat sich für eine neue Turnhalle einzusetzen und gegen das Hackschnitzelheizkraftwerk. Sonst ist sie die längste Zeit Ortsvereinsvorsitzende gewesen.

Das ist nicht das, was du dir unter Politik vorstellst. So werden wir die Welt nicht retten, sagst du. Und auch die Stadt nicht. Wenn jedes Viertel auf diese Weise mit seinem Egoismus kommt, wie soll man da eine vernünftige Politik formulieren? Und wie unterscheiden sich dann die Parteien noch, wenn jeder Stadtrat den Leuten vor Ort nach dem Mund redet (→ »Der Infostand«) und sein Programm ganz aus den Augen verliert, weil er es jedem recht machen will?

Lektion

Die Menschen erleben Politik und ihre Auswirkungen sehr unmittelbar in ihrer engeren Umgebung. Man zahlt doch seine Steuern, warum wird dann die Grünanlage nicht ordentlich gepflegt? Und wie kann es sein, dass auch in diesem Jahr die Kindergartenplätze nicht für alle reichen?

Der Ortsverein einer Partei bietet jedermann die Möglichkeit zum Mitreden und Mitmachen. Man fühlt sich in der gemeinsamen Aufgabe aufgehoben und empfängt die Ehrennadel als Beleg dafür, dass man seinem Leben einen Sinn gegeben hat. Im Ortsverein ist die Partei aber auch auf Tuchfühlung mit den Wünschen und Klagen der Bewohner eines Stadtteils und kann sie aufnehmen. Diese Bewohner sind Wähler, die sich bei ihrer Wahlentscheidung vor allem durch die Erfahrungen beeinflussen lassen, die sie ganz praktisch im Alltag machen. Sie wollen ihre Interessen im Stadtrat mit Nachdruck vertreten wissen. Dies ist auch gut so und geht so lange gut, wie Kommunalpolitikerinnen zusätzlich an eine übergeordnete Sache glauben und diese auch in ihren Stadtteil hinein vermitteln.

Über das Lebensumfeld eines Menschen wird ja nicht nur im Stadtteil, sondern auch in der Gesamtstadt entschieden. Ein Stadtrat, der weiß, dass Eigennutz und Allgemeinwohl sich nicht zwangsläufig decken, geht eben auch in seinen Ortsverein und versucht die Basis davon zu überzeugen, dass das neue Kraftwerk dem Wohl aller dient und damit zugleich dem Wohl des Einzelnen. Er sieht seine Aufgabe als Interessenvertreter nicht als Einbahnstraße, sondern er weiß, dass er in der Gegenrichtung für das größere Anliegen werben muss, und riskiert auch einmal eine Auseinandersetzung in der Sache.

Ein Kommunalparlament, das sich nicht immer wieder über Partikularinteressen erheben kann, wird sich schwertun, schlüssige Konzepte für die Zukunft der Stadt zu finden.

Die Ortsvereinssitzung hat dich in ein Stimmungstief gestürzt. Was tust du?

○ 1. *Du gibst deinen Plan, selber Politik zu machen, endgültig auf.*

○ 2. *Du akzeptierst zähneknirschend die Rahmenbedingungen der kommunalen Politik und trittst dem Ortsverein bei.*

○ 3. *Du lässt dich von einer Partei auf ihre Liste setzen, die nicht nur Ortsvereinsvorsitzende für stadtratstauglich hält.*

○ 4. *Du gründest eine Bürgervereinigung, in der ohnehin jeder eine andere Meinung hat.*

DIE LISTE

Die Schwarz-Weiß-Partei versammelt sich im Tagungszentrum, um ihre Liste für die Stadtratswahl aufzustellen. Es ist ein Summen um den Saal im ersten Stock, das man schon hört, wenn man unten zur Tür hereinkommt. Oben hat sich rund um den Eingang eine aufgeregte Traube gebildet, man steht in Grüppchen, bespricht noch letzte strategische Schachzüge oder versucht, die Spannung durch kleine Scherze abzuleiten. Die Leute, die sich für wichtig halten, schlendern lächelnd durch die Reihen und klopfen jedem, der nicht aufpasst, auf die Schulter. Besonders souverän gerät das Lächeln im Fokus der Kamera, schließlich sind zwei Journalistinnen anwesend sowie der örtliche Fernsehsender. Sie beobachten abwartend den Machttanz, der der Entscheidung vorausgeht. Sie wissen: Wer am lautesten lacht, hat am meisten Angst. Ihre Mikrofone haben sie noch in den Taschen. Die holen sie erst heraus, wenn sie wissen, wer wirklich wichtig ist.

Im Saal hat sich die Sitzungsleitung an einem Tisch an der Stirnseite eingerichtet, während hinten bei den Fenstern ein junger Mann im schlecht sitzenden Jackett seinen Stichwortzettel aus der Tasche holt und noch einmal den Text memoriert, mit dem er sich nachher den Parteifreunden empfehlen will. Seine Konkurrentin streift ihn mit einem kurzen Blick. Solche Schwächen gestattet sie sich nicht. Im Übrigen baut sie darauf, dass die Absprachen halten, die sie im Vorfeld getroffen hat.

Endlich hat das Lächeln und Witzeln, das Händeschütteln und Schulterklopfen ein Ende, der Vorsitzende begrüßt die Versammlung, neben ihm seine beiden Adjutanten, dahinter eine riesige Parteifahne mit Aufbruchsparolen. In seinen einleitenden Worten unterstreicht er die Bedeutung des heutigen Abends. Die bevorstehende Kommunalwahl müsse endlich die ersehnte Wende bringen, und wer, wenn nicht ihre Partei, könne diese Wende herbeiführen. Ihre Partei habe die besten Lösungen für die drängenden Fragen der Stadtpolitik, die die jetzige Regierung auf sträfliche Weise vernachlässige. Für diese große Aufgabe brauche man die beste aller Mannschaften – der Vorsitzende entschuldigt sich sofort für seine gendermäßig unkorrekte Ausdrucksweise, natürlich gehören die Frauen auch dazu –, die es heute Abend aufzustellen gelte. Das Schicksal dieser Stadt liege letztendlich in der Hand des Wählers. Aber eine gut aufgestellte Liste sei diesem eine unschätzbare Hilfe bei seiner verantwortungsvollen Entscheidung.

Der Vorsitzende ruft nun die Regularien der Aufstellungsprozedur in Erinnerung, lässt die Wahlkommission wählen und mahnt Fairness und Sportsgeist unter allen Beteiligten an. Schließlich gehe es, wie sie ja alle wüssten, nicht um das Interesse des Einzelnen, sondern um die Sache, um die Stadt. Einige Listenanwärterinnen können an dieser Stelle ihre Gesichtszüge kaum vor dem Entgleisen bewahren. Schließlich kennen sie den Vorschlag des Parteivorstands, der sie auf die hinteren Plätze verwiesen hat, und fühlen sich entsprechend degradiert und zum alten Eisen geworfen.

Der Spitzenkandidat hält seine Vorstellungsrede ordentlich, viel Neues erfährt man nicht. Er ist ohnehin gesetzt und hat keinen Konkurrenten. Die Wahl verläuft reibungslos. Ebenso unspektakulär wird Platz zwei an die altgediente stellvertretende Fraktionsvorsitzende vergeben. Auf Platz drei haben zwei Herren Anspruch erhoben, der eine langjähriges Mitglied des Bauausschusses, der andere Sprecher der Parteijugend. Bevor die Spannung im Saal richtig steigen kann, zieht der Jüngere unerwartet zurück. Flüsternde Fragen zischeln durch den Raum, was man dem wohl versprochen habe, damit er den Platz für den Bauausschussstrippenzieher freimacht. Dann wird es ernst für den Mann mit dem Spickzettel. Seine Konkurrentin ist zuerst an der Reihe, sie spricht sicher und frei. Sie hat schon bei vielen Vereinsweihnachtsfeiern und Sportfesteröffnungen Reden gehalten und zeigt ihre Routine. Der neue Kandidat dagegen kann das Zittern seiner Hände nicht ganz verbergen. Das Blatt, auf das er nicht verzichten kann, bebt zwischen den Fingern. Aber er hat seine Argumentation schlüssig aufgebaut und seine Gedanken wohl formuliert, er sagt das, was ihm wichtig ist, und erhält am Ende eine knappe Mehrheit der Stimmen. Vielleicht hat ihm auch geholfen, dass die Parteiführung nach der Entscheidung um Platz drei nun eine Verjüngung der Liste für dringend nötig hält. Die Konkurrentin gratuliert mit kaltem Lächeln, von überall her strecken sich dem Sieger Hände zum Schütteln entgegen. Er ist so fassungslos, dass der Rest der Listenwahl wie ein Film an ihm vorüberzieht.

Irgendwer drückt ihm am Schluss einen Blumenstrauß in die Hand, überall sind auf einmal Blumen. Ihm gratulieren nun plötzlich Leute, die ihn bisher gar nicht wahrgenommen haben. Die Kandidaten auf den vorderen Plätzen werden von der Presse zu einem Foto zusammengetrieben, er legt nun selber die Arme um die Schultern der Nachbarinnen, er fühlt sich eins mit ihnen und strahlt seine Siegesfreude in die Kameras. In die Mikrofone, die die Journalistinnen jetzt aus den Taschen geholt haben, erzählt er freimütig, wie froh und stolz er sei und was er alles machen wolle. Unten in der Gaststätte gibt er in seinem Überschwang sogar eine Runde aus.

Was denkst du?

So muss Politik sein! So hast du dir das vorgestellt. Was für eine Spannung! Und alles offen. Alles möglich. Die Angst, der fast unerträgliche Moment vor dem Auftritt, und gleichzeitig dieser Kick: Du sprichst, du traust dich, und es funktioniert. Du wächst über dich hinaus. Du hast etwas zu sagen, du überzeugst. Du hast etwas gewagt und eine Schwelle überschritten. Und nun bist du dabei, du bist mittendrin. Du bist aufgenommen, nicht nur in die Liste, so kommt es dir vor, sondern auch in eine größere Gemeinschaft. Man hat dich in deinem Wert bestätigt. Was für neue Möglichkeiten es nun auf einmal gibt! Das Leben geht nicht mehr an dir vorüber, du gehörst dazu. Du bist am Puls.

Auf dem Heimweg gehst du an der Tankstelle vorbei und kaufst die Spätausgabe der Lokalpresse. Noch nie hast du mit einem so merkwürdigen Gefühl die Zeitung aufgeschlagen. Du wirst nicht über andere lesen, sondern über dich selbst. Fast hoffst du, du würdest gar nicht erwähnt. Die Zeitung bringt aber ein Foto von dir, weil du es als Neuling geschafft hast, unter die vorderen Plätze zu kommen. Dein Magen gibt seltsame Zeichen. Da ist ein Hüpfen – hier bist du tatsächlich, dein Bild, du bist nun wichtig und jeder weiß Bescheid. Danach aber ein ganz flaues Gefühl – du bist nun eine Figur des öffentlichen Lebens, man urteilt über dich, man darf über dich reden, wie man gerade Lust hat. Mit einiger Erregung bist du Zeuge deiner medialen Entjungferung.

Lektion

Manche sprechen von der Droge Politik. Das ist nicht ganz abwegig. Politik ist ein auf Wahlen und andere kritische Termine hin zugespitztes, überdrehtes Leben. Wer an diesem Spiel teilnimmt, macht sich öffentlich – seinen Machtanspruch, seinen Erfolg. Aber auch sein Scheitern vollzieht sich nun vor laufenden Kameras. Seine Schwächen sind für alle sichtbar. Der Listenplatz, den er erhält oder nicht erhält, ordnet ihn vor aller Augen in eine übersichtliche Rangordnung ein. Und immer ist jemand da, der ihm seinen Platz streitig macht und alles tut, um ihn hinauszukegeln. Eines ist sicher: Wer sich auf dieses Spiel einlässt, wird sich so schnell nicht mehr langweilen.

Schüchternheit hat in einem solchen Leben keinen Platz. Eine Kandidatin, die von ihrer Partei aufgestellt wird, muss auf sich aufmerksam machen. Das gehört zum Job. Sie hat nun eine Funktion und ist es nicht nur sich selbst, sondern auch der Partei, ihrem Ortsverein oder ihrer Gruppierung schuldig, dass sie entsprechend wahrgenommen wird. Sie muss ihren Platz beanspruchen und behaupten. Sie muss Stimmen sammeln für die Partei. Wenn die Zeitung nicht ordentlich berichtet, muss sie dafür sorgen, dass sich das ändert. Der Rückzug auf einen Standpunkt der Bescheidenheit ist nicht gestattet. So etwas ist in der Politik nicht vorgesehen. Man hat der Kandidatin Macht gegeben und erwartet nun, dass sie diese auch nutzt.

Du bist immer noch ganz high von diesem Abend. Was tust du?

- ◯ 1. *Du grinst schadenfroh, wenn dir deine Konkurrentin über den Weg läuft.*
- ◯ 2. *Du drückst die ganze Nacht kein Auge zu und schaust immer wieder dein Bild in der Zeitung an.*
- ◯ 3. *Du gehst gleich am nächsten Tag shoppen, damit du deiner neuen Rolle als öffentlicher Person gerecht wirst.*
- ◯ 4. *Du nimmst dir vor, dich mit Haut und Haar in den Wahlkampf zu werfen.*

DER INFOSTAND

Noch zwei Wochen bis zur Wahl. An allen strategischen Punkten in der Stadt, die von den Behörden freigegeben wurden, haben die Parteien ihre Infostände aufgebaut: Tapeziertische mit Parteiprogrammen, Faltblättern über die Kandidaten und anderem Informationsmaterial, kleine Geschenke – von Gummibärchen bis zu Teebeuteln und Kondomen. Vor allem aber Schirme in den Farben der Parteien sowie Wahlplakate, die so weit wie möglich in den Fußgängerstrom hineingestellt sind. Trübe flattern die Schirme im Schneeregen.

Die Kandidatin steht am Stand und fröstelt. Mit einem Praktikanten hat sie morgens die Sachen selber auf dem Fahrradanhänger in die Fußgängerzone gefahren. Jetzt, kurz nach eins, hat sie längst die Nase voll, aber in zwei Wochen geht es ums Ganze. Ab und zu kommen andere Kandidaten vorbei, auch Freunde und Sympathisantinnen stellen sich dazu, manchmal wird es sogar ganz nett und lustig. So entsteht der Eindruck, dass der Stand gefragt ist, dass dort die Musik spielt. Das ist wichtig. Man bestärkt sich gegenseitig in der Richtigkeit der Positionen und der Notwendigkeit, sich bis zum letzten Tag einzusetzen, bis zur letzten Stunde vor der Wahl. Gegen den aufkommenden Wind hat man Steine auf das mitgebrachte Material gelegt. Ab und zu wirbelt eine Böe den Infotisch auf und die Flugblätter mit dem Foto der Kandidatin auf die Straße. Passanten hinterlassen ein verschmiertes Schuhprofil auf ihrem Gesicht.

Wer hier in der Fußgängerzone einkaufen will, muss sich durch eine Kette politischer Wegelagerer kämpfen. Am Nachbarstand hält der Oberbürgermeister der stärksten Partei Hof, der erneut kandidiert. Mit seiner sonoren Stimme ist es ihm ein Leichtes, die Leute herbeizulocken, außerdem hat auch er eine Fülle kleiner Geschenke anzubieten sowie farbenfrohes Werbematerial. Seine Helfer verteilen freigebig rote Rosen. Er schüttelt jedem, der vorbeikommt, die Hand, fasst seinem Gegenüber beim Sprechen auch einmal an den Arm, um ihm zu zeigen: Bei mir bist du gut aufgehoben. Er sagt allen, was sie hören wollen, und dass man es nur gemeinsam schaffen könne. Wer ihn wählt, weiß: Er ist auf der Siegerseite.

Eine Frau kommt an den Stand der Kandidatin, gezogen von ihrem Kind, das die Windräder gesehen hat, wie sie in der eisigen Luft rotieren. Die Kandidatin gibt dem Kind ein blaues Windrad in seine Handschuhfaust und auch noch ein rotes für die kleine Schwester zu Hause, die Mutter nimmt einen Teebeutel mit. Ein Mann um die sechzig ist verstimmt, weil es an diesem Stand keine Kugelschreiber gibt, und lässt gleich seinem Unmut über die Dummheit und Raffgier der Politiker im Allgemeinen und ihre hirnrissigen Entscheidungen hier in der Stadt im Besonderen freien Lauf. Jetzt habe die Stadt auch noch den Parkplatz vor seinem Haus blockiert, weil sie dort unbedingt eine Baustelle habe einrichten müssen. Wo solle er denn jetzt parken, bitteschön? Das solle ihm die Kandidatin mal erklären. Die vom Schwall der Vorwürfe Übergossene versucht, über den Infotisch hinweg mit den Kernsätzen ihres Parteiprogramms dagegenzuhalten, wird aber nicht gehört. Mit dem Bus solle er in die Stadt fahren? Das sei ja das Allerletzte, mit den ganzen Ausländern zusammen? Solche Leute wie sie – und damit meint er die Kandidatin – hätten in dieser Stadt nichts zu suchen. Immerhin lenkt der erbost gestikulierende Wähler die Aufmerksamkeit der Passanten auf den Stand, es bildet sich eine

Traube von Zuhörern, die Kandidatin ist ersichtlich nahe am Bürger, sie gewinnt Festigkeit in der Stimme und Sicherheit in der Argumentation. Dabei schiebt sie die Wollmütze etwas aus dem Gesicht, damit die Wählerinnen sie als die Frau auf dem Wahlplakat erkennen können. Immer wieder ist der Mann am Gehen, kommt dann aber mit neuen Anschuldigungen wieder zurück.

Endlich ist er verschwunden, und die Kandidatin stellt sich mit einer Handvoll Faltblätter ins Gewühl der Einkaufenden. Sie hat sich ein Sprüchlein ausgedacht, mit dem sie die Passanten anspricht: »Info zur Wahl am 5. Februar«. Sie ist nicht ganz glücklich damit, aber etwas Besseres ist ihr nicht eingefallen. Mit diesem Spruch und einem Lächeln drückt sie den Vorübereilenden ihr Blättchen in die Hand und hofft, dass sich vielleicht ein Gespräch ergibt. Die Reaktionen sind unterschiedlich. Die meisten zeigen durch ihr achtloses oder auch verächtliches Vorübergehen, dass sie dieses Treiben der Politikerinnen überhaupt nicht interessiert. Ein junges Mädchen bedauert, noch nicht selber wählen zu dürfen, verspricht aber, Material für ihre Mutter mitzunehmen. Ein Herr im Lodenmantel wischt ihre Hand weg wie Ungeziefer. Er versenke jedes Jahr sechs Millionen Euro Steuern in den öffentlichen Kassen, ihm werde übel beim Anblick von Politikern. Die meisten gehen vorüber, ohne sie wahrzunehmen, oder weichen diskret aus, wenn sie einen Schritt nach vorne macht. Aus Taschen und Tüten lächeln die Kollegen der anderen Parteien mit weißen Zähnen. Ab und zu kommen Leute vorbei, die die Kandidatin aus anderen Lebenssituationen kennt, Situationen, in denen sie niemals auf den Gedanken käme, unbekannte Menschen mit irgendwelchen Anliegen zu belästigen. In diesen Momenten wird sie dann für kurze Zeit aus der Kampfzone gezogen, sie ist wieder sie selbst, auch wenn sich der eine oder andere wundert, warum sie sich auf so etwas einlässt. Bei Gesprächen mit Freundinnen aus der anderen Welt lässt sie ihre Parteiprospekte in der Manteltasche verschwinden.

Was denkst du?

Wahlkampf hast du dir ganz anders vorgestellt. Da denkt man, es ginge um die Richtigkeit der Positionen, um die Klarheit der Argumente. Da hat man sein Herzblut in die Formulierung des Parteiprogramms gegeben. Wie viel hast du nicht gelesen, damit du alles weißt, auch möglichst viele Zahlen in dein Gedächtnis gegraben. Du hast diskutiert, hast deine Sätze hin und her gewendet und zurechtgelegt. Nun bist du enttäuscht, dass nur wenige deine Argumente wirklich hören wollen. Da ist eine Kluft zwischen dem, was dir wichtig ist, und dem, was die Menschen bewegt. Du triffst auf einen diffusen Groll, eine Lebensunzufriedenheit, die sich an dir entlädt, da du den Willen kundtust, etwas besser zu machen. Du bist verunsichert, schließlich opferst du deine freie Zeit, du engagierst dich, und nun fallen sie auf einmal über dich her, während du doch sonst mit allen Menschen gut auskommst.

Was dich vor allem durcheinanderbringt, ist die Erfahrung, nicht mehr vor, sondern hinter dem Tapeziertisch zu stehen. In den Augen der Menschen hast du die Seite gewechselt. Bis jetzt hast du oft und von Herzen über die Politiker geschimpft. Nun, über Nacht, bist du plötzlich selber einer und somit Zielscheibe und Projektionsfläche. Nur weil du seit ein paar Wochen auf der Liste einer Partei stehst, bist du plötzlich an allem schuld. Nur weil du auf der anderen

Seite des Tapeziertisches stehst, darf dich jeder so dumm anreden, wie es ihm beliebt. Du bist noch der gleiche Mensch wie vorher, aber auf einmal kannst du dich gar nicht mehr verständlich machen. Sagst du etwa: »Aber dafür bin ich doch gar nicht zuständig«, oder: »Das hat doch die jetzige Stadtregierung verbockt« oder: »Das stört mich genauso wie Sie, und deshalb habe ich beschlossen, in die Politik zu gehen«, dann reagiert die Wählerin mit Zorn: Typisch Politiker, übernimmt keine Verantwortung und schiebt alles den anderen in die Schuhe. Genau die Vorwürfe also, die du selber so gerne erhoben hast.

Du sagst aber an deinem Tapeziertisch weiterhin, was du denkst. Du hast zwar Verständnis für den Bürger, der im Einwohnermeldeamt nicht so lange vor dem Schalter stehen will, verweist aber auf die ohnehin schon hohen Personalkosten und die Finanznot der Stadt. Wenn sich die Bürgerin über das Herumlungern der Jugendlichen auf den städtischen Plätzen beschwert und wenn sie verlangt, dass der Leinenzwang für Hunde endlich aufgehoben wird (wobei sie ihren Pitbull streichelt), dann versuchst du sie davon zu überzeugen, dass junge Leute doch auf den Rathausplatz gehören und dass freilaufende Hunde eine Zumutung seien, vor allem für Radfahrer. Viel Zustimmung gewinnst du damit nicht. Dabei warst du so stolz auf dein Parteiprogramm, warst dir sicher, den besten Weg für die Stadt und ihre Bürger zu kennen.

Lektion

Am Straßenwahlkampf führt kein Weg vorbei, und leider findet er oft im Winter statt. Trotzdem: Präsenz zeigen ist notwendig für alle, die gewählt werden wollen. Sonst heißt es gleich: »Man sieht Sie ja nie.« Wenn sie da sind, nerven die Politiker und berechtigen jedermann zu abschätzigen Bemerkungen. Trotzdem: Sie sollen da sein, mitten unter den Menschen, bereit zu Gesprächen, Kritik entgegennehmen, Wünsche, Anliegen. Zum Anfassen sein. Erfahren, was die Bürger bewegt.

Durch die immer ausgefeilteren Give-aways auf den Tischen kann allerdings der Eindruck entstehen, Politik lasse sich wie Ware mitnehmen. Wer die schönsten Kugelschreiber und die besten Gummibärchen hat, wird gewählt. Und der Wähler wird zum Kunden, der die Angebote prüft und sich nimmt, was ihm gerade zusagt. Wer ihn nicht gut bedient, den lässt er stehen. Vielleicht wendet er sich auch ganz ab, die Marktschreier widern ihn an. Die haben sowieso alle Dreck am Stecken, das weiß man ja, Politik ist ein schmutziges Geschäft. Damit hat er nichts am Hut. »Nein danke, ich wähle nicht«, sagt er, als ob es sich dabei um eine schlechte Angewohnheit handele, die man im Sinne einer ordentlichen Lebensführung aufgeben sollte.

Diese Haltung ist fahrlässig. Sie verkennt die tatsächliche Lage fundamental. Die Politik greift entscheidend ein ins Leben jedes Einzelnen, dafür ist sie da, und wer glaubt, er sei davon nicht betroffen, täuscht sich gewaltig (→ »Die Stadtratssitzung«). Mit dem Abwerten der politischen Kaste ist kein Problem gelöst. Der Politiker hat die Macht. Und es darf der Bürgerschaft nicht gleichgültig sein, wer diese Macht erhält. Im Gegenteil: Es wäre fatal, wenn vor allem diejenigen an die Macht gelangten, die am lautesten schreien und am wenigsten Hemmungen haben, sich zu verkaufen. Nicht jede Kandidatin erträgt die tagtägliche Demütigung, die ihr der Wähler oder auch die Nichtwählerin zumuten.

Der Politiker weiß, dass die Bürger – zu Recht! – erwarten, dass er die Bedürfnisse ihres alltäglichen Lebens zufriedenstellend und vorausschauend regeln wird. Aber nicht immer geht das so, wie diese sich das vorstellen. Gerne würde er offen mit ihnen darüber sprechen, wenn sie ihn nicht einen inkompetenten Bürokraten nennen würden. Gerne würde er mit ihnen seine Visionen von einer besseren Stadt, einer besseren Welt teilen, wenn sie ihn dafür nicht belächeln würden. Die Versuchung ist groß, dass der Politiker es nicht mehr wagt, den Bürgern etwas zuzumuten, sondern ihnen nach dem Mund redet und sie in ihrer Meinung bestärkt (→ »Der Populist«). Die durch ihn selbst bestärkte Bürgermeinung zwingt ihn dann unter Umständen zu einer kurzatmigen, wetterwendischen Politik, für die ihn die Bürger zu Recht beschimpfen. Eine solche Politik schätzen sie nicht und gehen daher nicht mehr zum Wählen. Wer es jedem recht machen will, setzt einen fatalen Kreislauf in Gang.

Die Beziehung zwischen Politiker und Wähler ist hochkompliziert (→ »Der Bürgerwille«). Sie darf nicht darauf hinauslaufen, dass der Politiker unter dem Zwang der Verhältnisse und im Zuge einer sich selbst erfüllenden Prophezeiung genau die Eigenschaften annimmt, die den Wähler dann dazu berechtigen, ihn zu verachten.

Du bist zutiefst verstört. Was tust du?

○ 1. *Du bereust, dass du nicht doch ein zwölfsemestriges Studium der Politikwissenschaft absolviert hast.*

○ 2. *Du versuchst, deine Vorstellungen enger mit der Lebenswirklichkeit der Menschen zu verbinden.*

○ 3. *Du tröstest dich mit dem Gedanken, dass die Konkur-*

renten an den anderen Infotischen genauso kalte Füße haben wie du.

○ 4. *Du fragst den Wähler auf der anderen Seite des Infotisches, ob er zu Hause keine Frau hat, die er annörgeln kann.*

DER POPULIST

Die Kommunalwahl steht unmittelbar bevor. Auf einmal wird in der Stadt eine Mauer gebaut, und die Empörung ist riesig. Eigentlich handelt es sich nur um einen Zaun, aber immerhin aus Metall und sehr stabil. Der Zaun verläuft über mehr als hundert Meter zwischen einer Grünanlage und der Straßenbahntrasse und soll verhindern, dass die Menschen, anstatt, wie vorgesehen, die Fußgängerdruckampeln im Norden und Süden zu nutzen, wild die Gleise queren und damit sich und andere gefährden.

Seit Jahrzehnten sei man hier direkt von Ost nach West gelaufen, rufen die Zaungegner, und jetzt auf einmal die Berliner Mauer! Mit dieser Mauer werde die Stadt auf unnatürliche Weise zerschnitten, beliebte und auch notwendige Wege zur Apotheke, zur Großmutter, zur Kirche unterbrochen. Auf den Einwand hin, die durch den Park angelegten Wege führten zu den Ampeln und nicht wild über die Gleise, verweisen die empörten Menschen auf die Trampelpfade quer über die Wiese: Die sprächen ja wohl eine eindeutige Sprache. Der Bürger bestehe auf der Freiheit, seine Wege selbst zu wählen.

Die Verwaltung, die am Pranger steht, beruft sich auf die Auflagen der Genehmigungsbehörde: Die Gleisanlagen seien ab einer bestimmten Geschwindigkeit der Straßenbahn entsprechend zu sichern. Die Verkehrsbetriebe bitten um Verständnis, dass sie auf dieser langen geraden Strecke zügig fahren müssten, um ihre Fahrgäste schnell ans Ziel zu bringen. Würden Vollbremsungen nötig wegen unbedacht kreuzender Passanten, seien die Insassen der Wagen gefährdet.

All das überzeugt die aufgebrachten Bürgerinnen nicht. Schließlich seien sie für sich selbst verantwortlich und müssten nicht von irgendwelchen Bürokraten durch Mauern geschützt werden. Andere verlangen von den Verkehrsbetrieben, die Geschwindigkeit zu reduzieren, das sei in anderen Städten doch auch möglich. Die Mauergegner vereinbaren ein Treffen in einer Gaststätte vor Ort, so kurz vor der Wahl müsste doch Druck aufzubauen sein.

Das ist die Stunde des Populisten. Er setzt sich an die Spitze des Protests und regt ein Bürgerbegehren an. Zweifel an der Zulässigkeit eines solchen Begehrens wischt er vom Tisch. Rasch sind Unterschriftenblätter gedruckt oder übers Internet verteilt, die Medien greifen die Sache auf. In der Stadtgesellschaft wird über die Sache durchaus kontrovers diskutiert, aber der Populist wird auf diese Weise immer bekannter und schafft bei der Wahl den Sprung in den Stadtrat.

Nach der Wahl wird das Bürgerbegehren für ungültig erklärt, aber das kann dem Populisten gleichgültig sein, er ist ja jetzt drin – und er kommt voran: Da die Mehrheiten knapp sind, sieht er sich umworben. Er lässt sich für eine Koalition gewinnen, deren Ziele zwar nicht seinem Wahlprogramm entsprechen, doch auch das ficht ihn nicht an. Er ist von sich zutiefst überzeugt. Er erhält die Leitung des Bauausschusses und einen Sitz im Aufsichtsrat der Sparkasse, wo vergleichsweise hohe Aufwandsentschädigungen gezahlt werden. Für die Leute draußen hat er stets den Brustton der Überzeugung parat, so dass er immer wieder welche findet, die ihm glauben.

Was denkst du?

Von einem solchen Verhalten distanzierst du dich strikt. Wenn Bürger dich mit ihren Beschwerden oder Wünschen ansprechen, hörst du selbstverständlich zu und bemühst dich, Abhilfe zu schaffen. Du bist ja bürgernah. Aber du sagst es auch laut, wenn du einen Wunsch für nicht gerechtfertigt hältst, weil er deiner Meinung nach nicht dem Gemeinwohl dient. Schließlich willst du ehrliche Politik machen.

Als Stadtratskandidatin wirst du von Vereinen und Interessengruppen zu Podiumsdiskussionen eingeladen. Da sitzen dann die Vertreter der unterschiedlichen Parteien auf dem Podium. Die Zuhörerinnen schauen sich die Leute an, hören ihnen zu und entscheiden dann, wer ihnen am besten gefällt. Beim ersten Mal bist du sehr aufgeregt und hältst dich bei allen Fragen streng an dein Wahlprogramm. Ob du damit viele Menschen gewonnen hast, ist fraglich. Beim nächsten Mal probierst du aus, was du bei deinen Kolleginnen beim letzten Mal beobachtest hast. Du beginnst mit einem kleinen Scherz, du gehst auf die spezielle Lage deiner Zuhörerschaft ein, du bekundest Achtung und Sympathie für ihre Situation. Beim dritten Mal hast du deinen Auftritt perfekt vorbereitet. Du beginnst mit zwei, drei persönlichen Sätzen, schlägst eine Brücke zwischen deiner Lebenserfahrung und der deiner Zuhörerinnen, du dankst ihnen für alles, was sie für die Stadtgesellschaft geleistet haben. Du weißt genau, wo sie der Schuh drückt und hast Abhilfe parat. Du formulierst einfach und motivierend. Du wächst in deine Rolle hinein und glaubst am Ende selbst, was du versprichst. So ist es dann gar keine große Überraschung, dass du die

Wahl in den Stadtrat schaffst, mit einem ordentlichen Ergebnis.

Lektion

Politiker nennen sich selbst gerne bürgernah und die anderen populistisch. Beides liegt nahe beieinander. Ein bisschen populistisch sind wohl alle im politischen Betrieb (→ »Der Infostand«). Alle versuchen, ihre Ware schmackhaft zu machen und so anzubieten, dass sie gerne genommen wird. Die beste Botschaft nützt nichts, wenn sie nicht ankommt. Ein richtiger Populist ist aber noch einmal ein ganz anderes Kaliber.

Um den Populisten (es gibt auch Populistinnen, → »Von Frauen und Männern«) zu erkennen, muss man genau hinschauen. Dem Populisten geht es in erster Linie um sich selber und nicht um die Menschen. Er spürt ihre Nöte und Unzufriedenheiten mit der Wünschelrute seines Machtwillens auf, um sie für sich selbst zu nutzen. Er verspricht allen alles, um selbst etwas zu werden. Dabei greift er auf die bewährten Brot-und-Spiele-Erfahrungen der alten Römer zurück und verfügt meist über Grundkenntnisse der Massenführung. Das heißt, er würzt seine Versprechungen mit Appellen zum Zusammenhalt und bietet simple Formeln der Sinnstiftung an.

Der Populist ist der große Vereinfacher. Insofern ist er ein Ärgernis und verdirbt den Ruf der Zunft. Der Populist ist der, der dem ernsthaften Politiker das Leben schwer macht. Er ruiniert das Klima und verdirbt die Spielregeln. Er greift billig die Sympathien der Wählerinnen ab und führt alle anderen in Versuchung, es ihm nachzutun. Er macht aus den

Menschen fordernde Kunden und nicht aktiv mitgestaltende Bürgerinnen. Der Populist ist mit dafür verantwortlich, dass sich viele nicht mehr trauen, etwas Unpopuläres zu sagen oder zu verlangen. Oder auf komplexe Zusammenhänge hinzuweisen. Das ist fatal. Denn Politik ist so komplex wie das Leben.

Der Populist hat anfangs oft Erfolg, bis die Leute merken, dass sie einem Rattenfänger auf den Leim gegangen sind. Das dauert eine Weile, denn keiner gibt gerne zu, dass er sich hat täuschen lassen. Aber irgendwann kommt der Punkt, an dem man den Populisten in die Wüste schickt, und es bleibt nur zu hoffen, dass er bis dahin nicht allzu viel Schaden angerichtet hat.

Der Populist irritiert dich mit seinem Vorgehen. Was tust du?

○ 1. *Du machst es wie der Populist und versprichst das Blaue vom Himmel herunter.*

○ 2. *Du nimmst dir vor, nie mit einem Populisten zusammenzuarbeiten.*

○ 3. *Du bemalst die Plakate des Populisten mit Hitlerbärtchen und hoffst, dass keiner draufkommt, dass du es warst.*

○ 4. *Du nennst den Populisten öffentlich einen Populisten und glaubst, dass das etwas nützt.*

DIE STADTRATSSITZUNG

Die meisten Mitglieder des Stadtrates stehen noch zwischen den Tischreihen, sie treffen letzte Absprachen und begrüßen sich quer über die Fraktionsgrenzen hinweg. Wenn sie sich auch gleich aufs Heftigste attackieren werden (die Stichwortzettel sind schon geschrieben), fühlen sich doch alle hier im Saal als Teil einer besonderen Gemeinschaft. Sie treffen unentwegt aufeinander, in Sitzungen, bei Volksfesten und Jubiläen, in Vereinsheimen, bei Spatenstichen und Trauerfeiern, auf den langen Fluren der Verwaltung. Sie alle sind von den Bürgern gewählt, um die wesentlichen Entscheidungen für die Zukunft der Stadt zu treffen, das schweißt zusammen. Altgediente führen ihre Auseinandersetzungen gern mit einem Augenzwinkern, wie ein liebgewordenes Ritual.

Der Gong ertönt, die Oberbürgermeisterin eröffnet die Sitzung und lässt zunächst über die Tagesordnung abstimmen. Hier gehen schon die ersten Geplänkel los, die Fraktionsvorsitzenden laufen sich warm. Fraktion A möchte die Frage, ob der Tauchsportverein ohne zeitliche Beschränkung im Planschsee tauchen darf, von der Tagesordnung nehmen lassen, da man noch Beratungsbedarf verspüre. Der Anglerclub habe Einwände erhoben, die wolle man in Ruhe prüfen. Die Oberbürgermeisterin gibt dem Antrag statt, woraufhin ein Teil der Besucher auf den hinteren Stuhlreihen, nämlich die Taucher, die durch ihre Anwesenheit ihrem Anliegen Nachdruck verleihen wollten, sichtlich verärgert den Saal verlassen. Zwei Mitglieder der Fraktion B laufen hinterher, um die Taucher, die ja auch Wähler sind, ihrer Unterstützung zu versichern.

Nun tritt man in die Tagesordnung ein. Die Referenten,

die Stadtminister für die unterschiedlichen Ressorts, begründen ihre Beschlussvorschläge, die im Allgemeinen bereits in den Fachausschüssen vorberaten wurden. Dies hindert die Sprecherinnen der Fraktionen nicht daran, noch einmal in aller Breite auf die Fragen einzugehen. Vielleicht schafft man doch eine Erwähnung in der morgigen Presse. Der Saal wird unruhig, eine allgemeine Wanderung beginnt, im Foyer und in den Nebenräumen werden die Köpfe zusammengesteckt. Überall sind Handys im Einsatz, einige lesen Zeitung oder bearbeiten Akten aus ihrem Brotberuf. Wer einflussreich wirken will, hält ein Schwätzchen mit den Journalisten auf der Pressebank. Ein großer Teil der Räte ergreift während der ganzen Sitzung kein einziges Mal das Wort und spart sich seine Energien für Ortsverein und Stadtteilarbeit. Wie abzustimmen ist, hat man am Vorabend auf der Fraktionssitzung geklärt.

Beim Tagesordnungspunkt »Neue Straßenbahn« ändert sich dann die Stimmung im Raum. Hier wackelt die Regierungsmehrheit, die ohnehin knapp ist, und einer ist heute krank. Es geht um Investitionen in zweistelliger Millionenhöhe. Das Projekt ist umstritten und wird seit Monaten von allen Seiten zerredet. Jetzt braucht die Oberbürgermeisterin eine Entscheidung. Sie hat die Beschlussvorlage geschickt formulieren lassen, sie geht auf die Bedenken der Gegner ein und bietet in einem zentralen Punkt auch einen Kompromiss an, so dass eine Ablehnung nach Totalverweigerung aussehen könnte. Sie appelliert an das Gewissen der Räte, die ja dem Gemeinwohl verpflichtet seien, dieser für das Wohl der Stadt so unverzichtbaren Maßnahme zuzustimmen. Eine Ablehnung, sagt sie, wäre verantwortungslos. Und welche Überzeugungskraft könnte der Beschluss für die Bürger draußen haben, gibt sie zu bedenken, wenn er nun hier und heute einstimmig gefasst würde. Der Vorsitzende der Regierungsfraktion erinnert daran, dass der Rat eigentlich das oberste Verwaltungsorgan der Stadt und damit eine Spaltung in Regierung und Opposition gar nicht vorgesehen sei, weshalb nun alle unisono dem Vorschlag der Oberbürgermeisterin zustimmen müssten. Die Mitglieder seiner Fraktion bekräftigen dies, indem sie mit der flachen Hand donnernd auf die Tische schlagen, um von vornherein jede Widerrede zu ersticken.

Trotzdem meldet sich der Vertreter einer kleinen Fraktion zu Wort, der für sich ebenfalls in Anspruch nimmt, für das Wohl der Stadt zu arbeiten. Er sehe dieses Wohl, auf das auch er vereidigt sei, aber nicht in der vorgeschlagenen Trassenführung, sondern in einer Alternativplanung, weshalb er seine Zustimmung nicht geben könne. Weitere kritische Beiträge drohen die Stimmung gegen den Vorschlag zu drehen. Da fährt die Oberbürgermeisterin schweres moralisches Geschütz auf: Wer gegen die Vorlage sei, erklärt sie, stimme gegen die Erweiterung des Straßenbahnnetzes überhaupt, egal welche Trasse, und versündige sich an der Zukunft der Stadt. Daraufhin schlagen die Wellen hoch, die Opposition verlangt eine Sitzungsunterbrechung, sie hat zwar Bedenken, möchte aber nicht als Verhinderer und Blockierer dastehen. Am Ende stimmt sie dann zwar gegen die Beschlussvorlage, wie auch einer aus dem Regierungslager, aber mithilfe zweier Abweichlerinnen setzt sich die Oberbürgermeisterin durch.

Erschöpfung greift um sich, die Pressebank ist längst ausgedünnt. Die neuen Fahrzeuge für die Feuerwehr sowie einige Geräte für die Stadtreinigung – ein Absetzmuldensammelfahrzeug, zwei Kleinkehrmaschinen sowie zwei Schmalspurmehrzweckfahrzeuge – werden ohne große Diskussion durchgewunken, obwohl die Kosten eine Million Euro bei weitem übersteigen. Der Feuerwehr schlägt ohnehin keiner gerne etwas ab, man will doch auf dem nächsten Feuerwehrfest freundlich begrüßt werden. Feuerwehr- und Sportvereine sind unverzichtbare Stimmenbringer bei den Wahlen. Erst beim Tagesordnungspunkt »Grillplätze« kommt wieder etwas Leben in den Saal. Es geht um den Konflikt zwischen denen, die auf den Kiesbänken am Fluss grillen wollen (zugegebenermaßen ein einzigartiges Vergnügen), und den Erfordernissen des Naturschutzes, die vom Grünordnungsamt hochgehalten werden. Während der Sprecher der Fraktion B, in dessen Stadtteil sich die Kiesbänke befinden, eine Lanze für die Griller bricht, von denen einige bis jetzt auf den Zuschauerstühlen ausgeharrt haben, nimmt Fraktion C den Hinweis der Verwaltung, das ökologische Gleichgewicht in diesem sensiblen Gebiet könnte gefährdet werden, sehr ernst. Da das Thema nicht zum ersten Mal auf der Tagesordnung steht, wundert es keinen, dass es mit der Forderung nach einer weiteren fachlichen Stellungnahme vertagt wird.

Auch die nichtöffentliche Sitzung, die im Wesentlichen aus Verträgen und Auftragsvergaben besteht, läuft zügig ab. Auffallend ist nur, dass einige Stadträte, die sich normalerweise sehr ruhig verhalten, nun diskret aktiv werden und alle Zahlen notieren, insbesondere die der konkurrierenden Angebote. Irgendjemand scheint an diesen Daten interessiert zu sein. Das Ende der Tagesordnung ist nach etwa sechs Stunden erreicht. Die umfangreichen Sitzungsunterlagen werden in den riesigen Aktenvernichter eingespeist, bevor man sich in den jeweiligen Runden zusammensetzt, um Siege zu feiern und Niederlagen wegzutrinken.

Was denkst du?

Du bist frisch in den Stadtrat gewählt, sitzt in der letzten Reihe und hältst es kaum aus. Das Gefühl, Teil einer besonderen Gemeinschaft zu sein, hat sich bei dir bislang noch nicht eingestellt. Soeben hat diese Fraktionsvorsitzende mit ihren abgestandenen Geschichten geschätzte fünfhundert Euro Sitzungsgelder verlabert. Sie gehöre, hat sie dir gesagt, als sie dich als Neuling begrüßte, dem Hohen Haus bereits seit siebenundzwanzig Jahren an, und nun seist du ja auch »einer von uns« (vielleicht hat sie auch »eine von uns« gesagt). Damit meint sie wahrscheinlich, dass alle hier freien Eintritt in die städtischen Schwimmbäder haben, gratis mit den öffentlichen Verkehrsmitteln fahren können und dass man sich gemeinsam in regelmäßigen Abständen die Sitzungsgelder erhöht. Kürzlich hat dir die Sachbearbeiterin im Bürgerbüro, ohne zu fragen, die Plakette für die Umweltzone gratis zugeschoben, weil du im Stadtrat bist. Selbstverständlich hast du bezahlt, darauf hast du bestanden, du bist grundsätzlich gegen Privilegien dieser Art.

Und dann diese Sprache (→ »Die Beschlussvorlage«). Wie Legosteine, beliebig stapelbar, alles im gleichen System, dicht geschlossen. Gerade diskutieren sie über dieses Schlösschen, das einer kaufen will, den offenbar alle kennen, nur du weißt nicht Bescheid. Die großen Fraktionen scheinen sich einig zu sein. Es sei eine große Chance für die Stadt, sagen alle Redner, dieses Gebäude endlich loszuwerden, es sei in einem beklagenswerten Zustand und verursache hohe Unterhaltskosten. Bei dem neuen Besitzer sei das Schlösschen in guten Händen, eine erfreuliche Lösung für alle, und es sei nur angemessen, wenn man ihm gestatte, eine Mauer um sein Anwesen zu bauen. Besonders hoch sei diese Mauer sowieso nicht, und für den Sportplatz und die Durchwegung habe man eine befriedigende Lösung gefunden. Du wirst hellhörig. Das klingt alles irgendwie so, als ob wegen der Mauer, die der Käufer verlangt, ein Sportplatz verlegt und ein erst vor Kurzem beschlossenes, sehr ambitioniertes Grünordnungskonzept aufgegeben werden müsse.

Du meldest dich zu Wort. Legosteine sprichst du nicht, sondern Klartext, benutzt Wörter wie »hintenrum«, »Spezln« und »Investorenhörigkeit«. Leider bist du sehr nervös und verhaspelst dich mehrmals. Schon während du redest, übertönen dich lautstarke Zwischenrufer, sie brüllen über deine ganze Fraktion her, und als du geendet hast, schlägt dir die geballte Empörung entgegen. Offensichtlich hast du ungeschriebene Regeln verletzt. Die Sprecherinnen der großen Fraktionen putzen dich herunter. Da du keinen Einblick in die Details hast, kannst du nichts dagegensetzen. Schließlich beendet der Oberbürgermeister den Tagesordnungspunkt durch Abstimmung, allerdings nicht ohne dich final zurechtzuweisen: Sollte aus diesem Verkauf nun doch nichts werden und die Stadt auf dem maroden Kasten sitzen bleiben, dann wisse man ja, wer dafür die Verantwortung trage. Und auch du, fügt er hinzu, würdest noch irgendwann lernen, dass ohne Investoren in einer Stadt nichts gehe. Du fühlst dich vernichtet wie nach einem Verweis in der Schule, und die Ohnmacht angesichts der breiten Mehrheit auf der anderen Seite ist schwer zu ertragen. Trotzdem ist dir nicht entgangen, dass drei Mitglieder des Stadtrats ihren Gang zur Toilette offenbar gezielt so gelegt haben, dass sie den Zeitpunkt der Abstimmung verpassten. Denen kam die Sache nun wohl auch spanisch vor. Dein Wortbeitrag ist also doch nicht ohne Wirkung geblieben.

Lektion

Der Stadtrat als von den Bürgerinnen bestelltes Gremium ist das Zentrum der Macht in einer Stadt. Dem steht nicht entgegen, dass der Rat als Ganzes oder einzelne seiner Mitglieder bisweilen einen befremdlichen Eindruck erwecken. Sie sind gewählt. Was im Rat entschieden wird, gilt. Mehr Geld für Schulen oder für Straßen? Die hier getroffenen Weichenstellungen prägen die Stadt auf Jahrzehnte. Die Beschlüsse bestimmen nicht nur die Geschicke der Bürgerschaft, sondern wirken weit darüber hinaus, unter Umständen sogar weltweit. Der Bau einer Straßenbahn und der Einspruch des Grünordnungsamts gegen die Forderungen der Griller sind schließlich so etwas wie lokale Schritte auf dem Weg zu den globalen Zielen Klimaschutz und Biodiversität, auch wenn man so weit oft gar nicht denkt.

Die Stadträte sind meist keine Fachleute und haben menschliche Schwächen. Genau wie die Wähler, deren Willen sie spiegeln sollen. Dass das politische Spiel an Kuriositäten reich ist, ändert nichts an seiner Tragweite. Und es spielt keine Rolle, ob den Abweichlerinnen eine Gegenleistung versprochen wurde oder warum einer sich auf der Toilette vor der Abstimmung drückt. Das Ergebnis zählt.

Man darf sich auch nicht von den manchmal völlig überflüssig wirkenden Debatten täuschen lassen. Darunter liegt oft ein Subtext. Da sind die Strategen am Werk, da wird durch Aufplustern Macht demonstriert oder Gemeinsamkeit beschworen, da wird geschmeichelt und umworben, da wird die Gegnerin durch langes Reden mürbe gemacht oder auch moralisch erpresst, das bleibt nicht ohne Wirkung. Dies alles wird als große Show vor den Medien und den Zuhörern inszeniert, denen man die richtige Lesart des Geschehens präsentieren will. Nicht nur die Entscheidung selbst ist wichtig, sondern auch und vor allem, wie die Bürgerin sie wahrnimmt (→ »Die Medien«).

Deshalb ist es gut, dass es die unterschiedlichen Fraktionen mit ihren unterschiedlichen Sichtweisen auf die Dinge gibt. Sie streiten stellvertretend für die Stadtgesellschaft. Schon im 19. Jahrhundert arbeitete unter dem König von England nicht nur seine Regierung, sondern auch »His Majesty's Opposition«, damit jeweils auch die andere Seite zu Wort kam und die Regierung nicht zu übermütig wurde. Dass die Regierung übermütig wird, das wollen wir auch heute nicht, und deshalb muss gestritten werden. Dazu sind die Stadträtinnen gewählt, das müssen sie aushalten. Über die einzelnen Fraktionen sollen die unterschiedlichen Meinungen und Interessen der Bürgerschaft einfließen. Dabei gibt es Abhängigkeiten jeder Art: von der übergeordneten Gesetzes- und Finanzlage, von lokalen Seilschaften, von ernannten und selbsternannten Experten, von persönlichen Interessen und Eigenheiten. Der Rat ist so unvollkommen wie die, die er vertritt. Allerdings wusste schon Aristoteles: Das Ganze ist größer als die Summe seiner Teile. In dieser Hoffnung tagt auch der Rat: dass am Ende doch mehr herauskommt als die vielen Egoismen und Eitelkeiten der Einzelnen zusammengenommen, nämlich so etwas wie die Weisheit der Gruppe.

Die Geschichte ist immer nach vorne offen. Jede Entscheidung im Stadtrat irgendeiner Kommune bedeutet: von vielen Möglichkeiten wird eine Wirklichkeit. Und jede der Anwesenden hat dabei ihr Gewicht eingebracht und ein bisschen in ihrem Sinne die Welt verändert. Auch wenn man sich manchmal ärgert, so lohnt es sich doch, dabei mitzumachen.

Trotzdem brauchst du nach der Sitzung zwei Tage, um dein Selbstwertgefühl wieder aufzubauen. Was tust du?

◯ 1. *Du meldest dich von nun an in jeder Sitzung mit einer Bekennerrede zu Wort und lässt dich von den Hinterbänklern der Gegenseite niederschreien.*

◯ 2. *Du tust alles dafür, dass du nicht länger auf der Oppositionsbank sitzen musst.*

◯ 3. *Du bietest dich als Abweichler an und schaust, was dabei für dich herausspringt.*

◯ 4. *Du hättest gern eine Karte für den bereits ausverkauften Opernball, traust dich aber nicht, als Stadtrat Druck zu machen.*

DIE BESCHLUSSVORLAGE

Der Umweltreferent hat das Wort. Er trägt dem Stadtrat den Beschlusstext vor, der bereits Gegenstand der Beratungen im Umweltausschuss war und dort, wie der Mitberichterstatter bestätigen wird, einer einstimmigen Beschlussfassung zugeführt wurde. Es handelt sich um einen Grundsatzbeschluss zur Anwendung der Naturschutzrechtlichen Eingriffsregelung in der Bauleitplanung.

»1. Die Verwaltung wird beauftragt, die notwendigen Voraussetzungen der seit Jahresbeginn zwingend anzuwendenden Bestimmungen des § 1a Baugesetzbuch zur ›Naturschutzrechtlichen Eingriffsregelung in der Bauleitplanung‹ zu schaffen.

2. Für die Ermittlung und Bewertung sowie den Ausgleich von geplanten Eingriffen ist der vom Staatsministerium für Landesentwicklung und Umweltfragen in Zusammenarbeit mit dem Staatsministerium des Inneren, dem Gemeindetag und dem Städtetag erarbeitete Leitfaden ›Bauen im Einklang mit Natur und Landschaftsschutz‹ (Anlage 1) anzuwenden.

3. Auf der Grundlage der beigefügten ›Mustersatzung der Bundesvereinigung der kommunalen Spitzenverbände zur Erhebung von Kostenerstattungsbeiträgen nach §§ 135a-135c BauGB‹ (Anlage 2) ist eine entsprechende Satzung bezogen auf die spezifischen Belange der Stadt zu erarbeiten und dem Stadtrat zur Beschlussfassung vorzulegen.

4. Die Verwaltung wird beauftragt, dem Stadtrat bis zur Sommerpause geeignete, nach den Kriterien der ›Handlungsempfehlungen für ein Ökokonto‹ (Anlage 3) von der gleichnamigen Arbeitsgruppe beim Gemeinde- und Städtetag erstellte Flächenbevorratungskonzepte (›Ökokonto‹) zur Beratung vorzulegen.

5. Die Verwaltung wird beauftragt, Vorschläge zu erarbeiten, wie die mit der Anwendung der Eingriffsregelung verbundenen Aufgaben organisatorisch und personell bewältigt werden können.«

Im Anschluss an den Vortrag des Referenten ergibt sich ein kleiner Schlagabtausch zwischen der Fraktion C, der die Vorlage nicht weit genug geht, und der Fraktion A, der sie eigentlich zu weit geht, und die Kollegin aus der Fraktion B fragt, ob der Referent schon Vorstellungen habe, wie Punkt 5 umzusetzen sei. Der Referent verweist auf die Diskussion im Umweltausschuss und die dort formulierte Maßgabe, eine eigene Abteilung »Flächenbevorratungskonzepte« einzurichten und die Aufgabe dort anzusiedeln. Der daraufhin gefasste Beschluss ergeht einstimmig.

Was denkst du?

Das kann doch nicht wahr sein! Was meint denn der damit? Das versteht doch kein Mensch! Wie kann man denn die Welt und das ganze bunte Leben in solche Worte fassen? Und noch dazu reden sie in dieser einschläfernden Monotonie. Sie heben und senken die Stimme nicht, sie reden in einem Tonfall so grau wie diese Wörter, die einem alle Energie aus den Knochen ziehen. Dabei geht es doch beim Ökokonto um etwas Wesentliches, um den Schutz der Natur, die Vielfalt der Arten, um die Zukunft der Menschheit. Und dann dieses Paragrafengemüse! Kein Wunder, wenn sich in der Stadt kein Mensch dafür interessiert. So weckt man das Engagement der Bürger jedenfalls nicht.

Im Übrigen, da bist du sicher, dient das Bürokratendeutsch auch dazu, Konflikte unsichtbar zu machen. Im Fall des Ökokontos gibt es auf jeden Fall Streit hinter den Kulissen, warum hätte man sonst debattiert. Aber das durchschaut ein normaler Mensch ja gar nicht. Deine erste Aufgabe im Stadtrat wird sein, herauszufinden, was die Verwaltung hinter ihrem Amtschinesisch zu verbergen sucht. Du würdest dir viel leichter tun, wenn die Verfasser Folgendes in die Beschlussvorlage hineingeschrieben hätten:

»Liebe Leute, wir wissen ja, die Sache mit dem Ökokonto wird euch – das heißt die auf der richtigen Seite, nämlich von der Fraktion A, die in der Stadt gerade das Sagen hat – jetzt tierisch aufregen, das ist ein Riesenmist. Es ist umständlich und teuer und wird demnächst Baumaßnahmen erschweren, die wir bisher einfach so durchgezogen haben. Aber leider meinen die da oben, das müsste jetzt sein wegen diesem Ökogeschwätz, und wir kommen nicht drum herum. Wir als Verwaltung versuchen aber den Schaden so klein wie möglich und da und dort ein Schlupfloch offen zu halten. Gut, dass unsere vierspurige Wummerstraße schon fertig ist, die haben wir ja durch haufenweise Grün gebaut. Unter diesen Umständen würden wir die gar nicht mehr durchsetzen können, es sei denn, die Abteilung Flächenbevorratungskonzepte hätte doch noch einen kreativen Ausweg für einen billigen ökologischen Ausgleich gefunden – keine teuren Flächen in der Innenstadt, sondern zum Beispiel die biologische Aufwertung eines Bachgerinnsels irgendwo weit draußen, wo es niemanden stört. Das kostet nicht viel mehr als eine Packung Froschlaich. Vielleicht noch ein bisschen Gebüsch für aussterbende Vögel. Auf jeden Fall muss man die Leute in der neuen Abteilung gut schulen, damit sie wissen, was sie zu tun haben und uns keine Schwierigkeiten machen.«

Aber das alles steht eben nicht drin. Vielleicht will man ja auch etwas ganz anderes sagen. Was wirklich gemeint ist, musst du dir als Stadträtin der Opposition selbst zusammenreimen. Und da du alle drei Wochen mindestens fünf Kilo von diesen Vorlagen auf den Tisch bekommst, hast du ordentlich zu tun.

Lektion

Die Beschlussvorlage ist ein erster großer Härtetest für jeden, der sich entschlossen hat, in die Politik zu gehen. Da eilt man im Feuer der Begeisterung ins Rathaus, um die Welt nun endlich besser zu machen, und dann wird man erschlagen von ständig nachwachsenden Haufen von Papier in einer Sprache, die jede Lust im Keim erstickt.

Die Verwaltung hat dieses Amtsdeutsch allerdings nicht aus lauter Gemeinheit entwickelt. Ein solcher Beschluss hat einschneidende und bindende Folgen nicht nur für die Stadt, sondern auch für die einzelne Bürgerin, weshalb der Vorlage ja auch noch umfangreiche Anlagen beigefügt sind. Der Eigentümer eines Grundstücks, der vorhat, dieses zu bebauen, wird wenig erfreut sein, wenn ihm plötzlich ein Bescheid ins Haus flattert, dass er Kosten für ökologische Ausgleichsflächen zu tragen hat. Erst ärgert er sich, und dann fragt er: Woher nimmt die Stadt das Recht, solche Forderungen zu erheben? Wie groß müssen die Ausgleichsflächen sein? Welche Qualität müssen sie haben? Wann soll er zahlen und wie viel? Die Verwaltung versucht im Vorgriff, solche Fragen zu klären und zu regeln und sich vor allem auch rechtlich abzusichern. Denn der erste Prozess kommt bestimmt. Der Eigentümer wird versuchen, die finanziellen Folgen des Beschlusses zu verhindern oder wenigstens für sich abzumildern. Und wenn es so weit ist, dann ist auch die Politik froh um jede Formulierung, und sei sie auch noch so geschraubt und gedrechselt, die im entscheidenden Fall, möglicherweise Jahre später, wenn längst ein neuer Stadtrat gewählt ist, Rechtsklarheit schafft. Deshalb sitzen in der Verwaltung so viele Juristinnen und verfassen Beschlüsse, die kein normaler Mensch versteht.

Aber auch wenn der Referent im Stadtrat spricht, kann er nicht reden, wie ihm der Schnabel gewachsen ist. Der gesunde Menschenverstand ist hier kein guter Ratgeber. So sollte der Referent im Fall der Naturschutzrechtlichen Eingriffsregelung darauf achten, dass er die dort genannten drei Anlagen, nämlich den vom Staatsministerium für Landesentwicklung und Umweltfragen in Zusammenarbeit mit dem Staatsministerium des Inneren, dem Gemeindetag und dem Städtetag erarbeiteten Leitfaden »Bauen im Einklang mit Natur und Landschaftsschutz« (Anlage 1), die »Mustersatzung der Bundesvereinigung der kommunalen Spitzenverbände zur Erhebung von Kostenerstattungsbeiträgen nach §§ 135a-135c BauGB« (Anlage 2) sowie die von der gleichnamigen Arbeitsgruppe beim Gemeinde- und Städtetag erstellten »Handlungsempfehlungen für ein Ökokonto« (Anlage 3) sorgfältig auseinanderhält, um Verwirrung und Verwicklung zu verhindern.

Alles, was er sagt, kommt ins Protokoll, und auch auf dieses kann man sich berufen. Jedes Wort muss gerichtsfest sein. Es ist gute Übung bei der jeweiligen Opposition, in den Ratsprotokollen nach Ungenauigkeiten und anderen sprachlichen Fehltritten zu suchen und sie anschließend dem Betreffenden um die Ohren zu hauen. Auch die Presse weiß sehr genau, wann sie aufhorcht. Stundenlang wird im Stadtrat geredet und geredet und geredet, kein Mensch hört zu, großes Gähnen auf der Pressebank – und auf einmal im Überschwang ein einziges falsches Wort, und schon steht es am nächsten Tag in der Zeitung.

All dies hat zur Folge, dass die Sprache der Beschlussvorlage wie ein Schutzschild erscheint, hinter dessen vorgefertigten Formulierungen man auf Nummer sicher geht. Hinter diesem Schutzschild lassen sich Wissenslücken ebenso verbergen wie Nervosität. Der Zorn auf die politische Gegnerin verschwindet hinter betonter Sachlichkeit, und auch aufkeimende Kampfeslust auf der anderen Seite wird durch entsprechend drögen Vortrag gedämpft. So kann man Angriffe jeder Art ins Leere laufen lassen. Professionell eingesetzt, kann Bürokratensprech eine sehr wirkungsvolle Waffe im politischen Alltag sein.

Du hast nach wie vor mit bleierner Müdigkeit zu kämpfen. Was tust du?

○ 1. *Du sagst jeden Tag drei Mal: »einer einstimmigen Beschlussfassung zuzuführen« und »in der Abteilung Flächenbevorratungskonzepte anzusiedeln«.*

○ 2. *Du schwörst einen Eid, dich niemals, was auch immer geschehen mag, auf diese Sprachebene zu begeben.*

○ 3. *Du führst dir nur noch die Beschlussvorlagen zu Gemüte, die deinen Arbeitsbereich unmittelbar angehen. Ansonsten vertraust du auf das gute Urteil deiner Fraktionskolleginnen.*

○ 4. *Du beschließt, auf keinen Fall eine zweite Stadtratsperiode ins Auge zu fassen, damit sich dein gesunder Menschenverstand nicht komplett verflüchtigt.*

DIE FRAUEN UND DIE MÄNNER

»Liebe Mitbürgerinnen und Mitbürger,

ich freue mich, Sie alle heute hier im Gemeindesaal Maria und Josef begrüßen zu dürfen. Ich begrüße insbesondere die Stadträtinnen und Stadträte sowie die Mandatsträgerinnen und Mandatsträger und alle anderen Politikerinnen und Politiker, die den Weg hierher gefunden haben, um mit uns und unseren Schützlingen zu feiern. Einen besonders herzlichen Gruß entbiete ich den Bürgermeisterinnen und Bürgermeistern aus den umliegenden Gemeinden. Ich danke schon jetzt den vielen Helferinnen und Helfern, die alles so schön hergerichtet haben, den Betreuerinnen und Betreuern, den Erzieherinnen und Erziehern und den Pfarrerinnen und Pfarrern, für die engagierte Arbeit im vergangenen Jahr, und nicht zuletzt den Gartenfreundinnen und Gartenfreunden für den festlichen Blumenschmuck. Ohne die großzügigen Sponsorinnen und Sponsoren, die uns so freundlich unter die Arme gegriffen haben, wäre dieses Fest nicht denkbar. Herzlichen Dank auch an alle anderen Unterstützerinnen und Unterstützer. Und nun freue ich mich auf das erste Lied, uns zu Ohren gebracht von unseren lieben Stubenmusikerinnen und Stubenmusikern.«

Was denkst du?

Nie im Leben bringst du so etwas über die Lippen. Die Sprache derart zu entstellen, das kann keiner von dir verlangen. Und ob es die Frauen wirklich ehrt, immer nur als Suffix zu erscheinen, als Anhängsel an die männliche Form, das wagst du zu bezweifeln. Möglicherweise haben sie sich hiermit einen BärInnendienst erwiesen. Gleichberechtigung ist das nicht.

Du machst es anders. Du verkündest die Neutralität des »er« und seiner Artgenossen. Mit dem Hausmeister ist immer auch die weibliche Form gemeint, beim Bischof ist dies nicht anders und auch nicht beim Kardinal. So sprichst du auch in der Öffentlichkeit, allerdings nicht ohne Folgen. Immer wieder wirst du zurechtgewiesen, Frauen sind gekränkt, Männer empört. Irgendwann nimmt dich eine wohlmeinende Freundin zur Seite und erklärt dir, was Sache ist: Seit Jahrtausenden fixiert die Sprache den Blickwinkel der Männer und ist das Abbild ihrer Herrschaft; Kaiser König Edelmann, Bürger Bauer Bettelmann, alles männlich, Priester, Papst und Gott desgleichen, man ist *der* Mensch, und da Sprache Denken ist, sind die Folgen klar und verheerend. Also durchgendern, ohne Rücksicht auf Verluste.

Du siehst das Problem und erkennst es an. Gerne würdest du zu seiner Behebung eine neue Sprache erfinden. Da dies aber so schnell nicht geht, fügst du dich den Gepflogenheiten und beugst dich den Kritikerinnen und Kritikern. Du wandelst dich vom Saulus zum Paulus bzw. von der Saula zur Paula.

Lektion

Der eine oder die andere haben von diesem Kapitel vielleicht eine Auseinandersetzung mit der Frage erwartet, ob Frauen und Männer sich in der Politik unterschiedlich verhalten. Die Vermutung, dass dies so sei, liegt nahe, und jeder wird aus dem eigenen Erfahrungsschatz Belege dafür beibringen können. Geschlechtsspezifisch divergierende Reaktionen sind kein unerheblicher Faktor für das Handeln im politischen Alltag. Immer wieder wird die Frage gestellt, ob Frauen eher zu konsensorientiertem Vorgehen neigen, ob Männer geschickter eigene Fehler überspielen, wie eitel sie wirklich sind, wer den stärkeren Machtwillen und wer den größeren Weitblick hat, wer mehr aushält usw. Diesen Dingen nun wirklich auf den Grund zu gehen, würde den Rahmen dieser Ratgeberin sprengen. Begnügen wir uns mit der Feststellung, dass ein ressourcenoptimiertes politisches System auf ein zumindest ausgewogenes Verhältnis von Frauen und Männern in den eigenen Reihen achten sollte.

Es gibt einen weiteren Grund, den Punkt nicht zu vertiefen. Dazu ein Wort in eigener Sache. Was die Geschlechter betrifft, wird in diesem Ratgeber auf strikte Neutralität geachtet. Sein Angebot soll jeder Frau und jedem Mann gleichermaßen nützlich sein. Geachtet wird aber ebenso auf eine lesbare, verdauliche Sprache. Dies ist gar nicht so einfach, denn die Sprache ist ja das Werkzeug des Politikers (der Politikerin), über den (die) wir reden, und wird von Rücksichtnahmen aller Art bedrängt und eingeengt (→ »Die Fassade«, → »Die Beschlussvorlage«). Dass dies der Sprache nicht zum Vorteil gereicht, liegt auf der Hand. Halten wir fest: Politische Korrektheit verdirbt den Stil, und das schlimmste Gift für den Sprachfluss ist das sogenannte Durchgendern.

Deshalb hier eine große, umfassende Entschuldigung an alle, die von uns ein solches Durchgendern erwarten. Wir haben stattdessen – da wir ja auf strenger Neutralität beharren – folgenden Weg gewählt: Wir lassen unsere FunktionsträgerInnen, aber auch BürgerInnen und IHK-PräsidentInnen wechselweise männlich und weiblich auftreten, in der Hoffnung, damit sowohl den Geboten der Neutralität als auch den Anforderungen an einen anständigen Stil Genüge zu tun. Wir sind dabei sehr konsequent und führen (sogar mehrmals) eine Bezirkstagspräsidentin ins Geschehen ein, obwohl es Bezirkstage nur in Bayern gibt und dort unseres Wissens bislang noch nie eine Frau als Präsidentin zum Zuge gekommen ist. Auch du als Leser sollst dein Geschlecht wechseln können nach Belieben. Bei dem Bemühen, auch zahlenmäßig ein Gleichgewicht herzustellen, hat manchmal der Sinn für die politische Realität gegenüber der politischen Korrektheit die Oberhand behalten. Trotzdem: Jeder Leserin, die uns nachweist, dass die männliche Form in dieser Ratgeberin häufiger vorkommt, versprechen wir ein Freiexemplar und eine Nachbesserung in der zweiten Auflage.

Dieser Punkt ist für dich immer noch nicht befriedigend gelöst. Was tust du?

○ 1. *Du sprichst in Zukunft nur noch Englisch, um das Problem zu entschärfen.*

○ 2. *Du übst »Liebe Mitbürgerinnen und Mitbürger« so lange, bis die Anrede zugleich zeitsparend und von Herzen kommt.*

○ 3. *Du lässt dich von diesem Ratgeber inspirieren und wechselst die Geschlechter der Gemeinten nach Belieben.*

○ 4. *Du hältst den Mund und sagst gar nichts mehr.*

FÜR FORTGESCHRITTENE

DER WAHLTAG

Es ist achtzehn Uhr. Der Wahlkampf ist endgültig vorbei. Alle haben nun allen alles versprochen. Sie haben ihre Reden gehalten vor Leuten auf Bierbänken in halbleeren Zelten und dabei ihre Botschaften hingedrechselt und zugespitzt und auf einige wenige, leicht einhämmerbare und tausendmal wiederholte Parolen reduziert; sie haben sich bei Vereinen aller Art angebiedert, vor allem bei denen mit den vielen Mitgliedern; sie haben an Schafkopfwettbewerben teilgenommen und auf dem Stadtmarkt an jedem Stand aufrichtiges Interesse für Obst und Gemüse gezeigt; sie sind sogar fröhlich winkend in der Kutsche aufs Volksfest gefahren; sie haben jedem Kind den Kopf getätschelt, das ihnen über den Weg gelaufen ist; sie haben den politischen Gegner zerpflückt und kein gutes Haar an ihm gelassen sowie die letzten Verunglimpfungen aus ihren Dossiers geholt in der Hoffnung, die Medien könnten sie aufgreifen; sie haben mit ihren Plakaten die ganze Stadt tapeziert, Wahlzeitungen in Tausende von Briefkästen gestopft und Passantinnen auf Straßen und Plätzen mit ihrem Werbematerial belästigt.

Und jetzt auf einmal ist Ruhe. Am Vormittag hat man sich noch öffentlich im Wahllokal bei der Stimmabgabe präsentiert und dabei verstohlen die Menschen beobachtet, die nun nicht länger wie Empfänger von Wahlkampfbotschaften aussehen, sondern wie souveräne Bürger, die sich in aller Ruhe ihre Wahlunterlagen abholen, um damit in der Kabine zu verschwinden und dort mit einem stumpfen roten Farbstift ihren Wählerwillen auszuüben. Danach hat man vielleicht tatsächlich das getan, was man den Medien vorher erzählt hat – also den Gottesdienst besucht oder endlich einmal mit der Familie einen besinnlichen Nachmittag verbracht – und dabei doch immer wieder die Verpflichtung verspürt, auf diese sich um den roten Farbstift klammernden Hände telepathisch Einfluss zu nehmen. Aber jetzt sind die Wahllokale geschlossen. Es ist achtzehn Uhr. Ein Moment der Stille nach und vor dem Sturm.

Ab halb sieben finden sich die ersten Neugierigen in der Eingangshalle des Rathauses ein. Dort hat die Verwaltung eine ganze Reihe von Bildschirmen aufgebaut, auf denen die Hochrechnungen, die wichtigsten Fernsehsender und auch die Ergebnisse, nach Stadtteilen und Wahllokalen aufgeschlüsselt, wiedergegeben werden. Noch flimmern die Monitore weitgehend leer, sie zeigen allenfalls die Ergebnisse der letzten Wahl und Journalisten, die mit albernen Fragen die Zeit totschlagen. Die wichtigen Leute warten die ersten Prognosen und auch die erste Hochrechnung in den Fraktionsräumen ab, um sich dort, je nach Ergebnis, Gesichtsausdruck, Körperhaltung und erste wertende Sätze zurechtzulegen, bevor sie sich den Kameras stellen.

Diese Kameras sind bereits aufgebaut und zunächst einmal auf die Bildschirme gerichtet. Die Kameraleute haben sich aber schon im Raum umgesehen. Wo stehen die Favoriten mit den größten Siegeschancen? Die will man schließlich in dem Moment erwischen, wenn sie in Jubel ausbrechen. Die Anwesenden stehen in Grüppchen, schlendern durch die Halle oder schäkern mit den Rathausmitarbeiterinnen, die an einem Tisch Getränke anbieten. Jeder überspielt die Nervosität auf seine Weise.

Die erste Hochrechnung ist dann vor allem ein akustisches Ereignis. Ein Aufschrei füllt den Raum, die Freude der einen und das Entsetzen der anderen mischen sich zu einem seltsamen Klang. Das Entsetzen schallt von den Favoriten herüber, die ungläubig auf die mickrige Säule schauen, die angeblich ihr Wahlergebnis sein soll. Entsprechend Oberwasser haben die anderen, denen sich jetzt auch gleich, wie von einem Magneten angezogen, die Kameras zuwenden, weg von den Verlierern, hin zu denen im Licht. Im Lauf der kommenden Stunden schrumpfen und wachsen die Säulen noch ein wenig, aber die neue Ordnung ist unwiderruflich. Während die Medien ihren Interviews mit den Spitzenleuten nachjagen, hängen die hinteren Listenplätze, vor allem der Verlierer, vor den Stadtteilmonitoren herum und holen sich aus Einzelergebnissen Trost: In Nordstadt sind wir am stärksten! Und in Südwestingen haben wir immerhin zwei Prozent zugelegt. Hat sich doch gelohnt, dass wir da noch einmal einen Stand gemacht haben.

Was denkst du?

Du bist merkwürdig ruhig in dieser halben Stunde nach Schließung der Wahllokale. Es ist gut zu wissen, dass du nun nichts mehr tun kannst – nichts mehr tun musst. Du kannst Wahlkampf nicht leiden. Ein widerliches Geschäft. Du willst einfach Politik machen.

Wenigstens für diesen einen Augenblick der Stille sind die Zweifel verschwunden, die dich während des ganzen Wahlkampfs gequält haben. Vielleicht hättest du dir doch einen Coach nehmen sollen. Du bist beim Reden nicht frei genug, in Diskussionen zu ungeduldig, leicht reizbar, auf Verteidigung aus. Man soll sich aber nie verteidigen. Immer wieder hast du den anderen das Wort abgeschnitten, das kommt nicht gut an. Hast du wirklich die richtigen Akzente gesetzt? Oft hast du dich als Außenseiter gefühlt. Für den

Straßenbau werden wir gewählt, sagen die anderen zum Beispiel und werben entsprechend. So einfach hast du es dir nicht gemacht, du hast versucht, ausführlich darzulegen, dass neue Straßen nicht nur den wachsenden Verkehr aufnehmen, sondern diesen auch, da sie ihm schließlich mehr Raum geben, noch weiter anwachsen lassen; dass also eine solche Maßnahme – wie viele andere auch – nicht nur einem Missstand abhilft, sondern zugleich ein Steuerungsinstrument ist, das die Entwicklung in eine bestimmte Richtung lenkt; dass zum Beispiel ein neues Einkaufszentrum am Stadtrand nicht nur bequem ist zum Einkaufen, sondern auch Verkehr produziert und die Innenstadt veröden lässt; und dass man solche Zusammenhänge immer mitdenken muss. Aber das ist kompliziert und wenig willkommen. Ob die Wählerin das wirklich hören will? Ist es dir gelungen, das, was dir wichtig ist, so zu formulieren, dass es sie erreicht? Vielleicht hättest du doch diese Einladung, beim Sportverein Ost ein Bierfass anzustechen, nicht absagen sollen. Und bei der Fronleichnamsprozession bist du auch nicht mitgelaufen.

Jetzt aber ist Ruhe. Du fühlst dich endlich erleichtert. Nun musst du dich nicht mehr zu Markte tragen und an Plakatsäulen prostituieren, nicht mehr deine Konzepte Leuten schmackhaft machen, die sich überhaupt nicht dafür interessieren, nicht mehr über Themen reden, über die du dich, da du dich überhaupt nicht auskennst, erst kurz zuvor von den Fraktionskolleginnen hast briefen lassen. Diesmal warst du ganz vorne dabei, als Spitzenkandidat. Deshalb wartest du jetzt auch nicht mit allen anderen, sondern mit einer kleinen Gruppe in den Fraktionsräumen auf die ersten Ergebnisse. Und da sind sie! Es sieht gut aus. Ihr habt zugelegt, nicht viel, aber immerhin. Dein eigenes Ergebnis könnte etwas besser sein. Du fühlst dich wie ein Rennpferd, auf das alle alles gesetzt haben – die Mittel aus dem Wahlkampfetat, die Energie der vielen freiwilligen Helfer –, und das nicht ganz die Erwartungen erfüllt hat. Aber die Gesamtkonstellation ist günstig, wer weiß, was sich daraus ergibt. Ihr einigt euch in der Gruppe auf ein paar Formulierungen – das beste Wahlergebnis seit dem Jahr soundso, vielen Dank den Wählerinnen und Wählern, der Wählerwille ist eindeutig, man will euch in einer Koalition in der neuen Stadtregierung sehen –, dann geht ihr, gelassen lächelnd, über die Flure in die große Halle hinein ins Licht der Kameras.

Lektion

Die erste Hochrechnung ist ein gnadenloser Moment. Innerhalb einer Sekunde wird eine neue Hackordnung hergestellt. Nie ist die Macht der Wählerin so schicksalhaft spürbar wie in diesem Augenblick. Sie hat entschieden, wie es die nächsten Jahre weitergehen soll. Sie kann die Wahlkämpfer in dunkle Verzweiflung stoßen oder in den Himmel der Verzückung heben. Oft sind wenige Stimmen ausschlaggebend dafür, wer zu den Verlierern und wer zu den Siegern gehört. Viele Menschen gehen nicht zum Wählen, weil sie glauben, sie hätten keinen Einfluss (→ »Der Infostand«). Die Wirklichkeit sieht anders aus.

Die Wählerin ist mächtig, sie lässt die Politiker zittern. Ihr Einfluss ist so groß wie ihre Verantwortung. Sie kann den Politiker herausfordern. Sie kann ihm deutlich machen, dass sie nicht auf Billigware hereinfällt. Sie kann wirklich schlüssige Lösungen verlangen. Sie kann den Politiker stützen auf unbequemen Wegen, zu mutigen Schritten ermuntern. Sie kann ihm zeigen, dass sie nicht Kundin, sondern Bürgerin ist und bereit, bei der großen Aufgabe mitzuhelfen (→ »Der Bürgerwille«).

Der Wahlkampf stellt eine besonders intensive Diskussion zwischen Bürger und Politiker dar, ist aber trotzdem lästig. Jeder ist froh, wenn er vorüber ist. Die Bürger wollen wieder ihre Ruhe, und der Politiker will Politik machen. Aber dazu braucht er ein Mandat, und das bekommt er nur durch die Wahl. Um dieses Mandat zu erhalten, muss er trotz aller Vorbehalte bereit sein, sich bis zu einem gewissen Grad den Zwängen und Erwartungen des Wahlkampfs zu fügen.

Die Ergebnisse entscheiden über die Karrieren der Spitzenleute; aber auch innerhalb der Fraktionen wird die Rangordnung neu bestimmt. Wer Stimmen bringt, zählt. Stimmenkönige (auch »Häufelkönige« genannt) werden am Tag nach der Wahl in der Zeitung eigens hervorgehoben. Sie können innerhalb der Fraktion, zum Beispiel bei der Besetzung von Ausschüssen und Gremien, besondere Ansprüche erheben und zudem sicher sein, auch bei der nächsten Listenaufstellung auf die vorderen Plätze gebeten zu werden. Natürlich möchte jeder Stimmenkönig sein und lässt deshalb kein Bierfass aus. Wer über keine Bierfassaffinität verfügt, wird nie Stimmenkönig werden.

Du bist aufgekratzt und erschöpft zugleich. Was tust du?

○ 1. *Du beschließt: Nie wieder Wahlkampf.*

○ 2. *Du setzt dich für eine allgemeine Wahlkampfabrüstung ein und schlägst Plakatwände an ausgewählten Stellen vor, auf denen alle Kandidaten im Überblick präsentiert werden sollen.*

○ 3. *Du übst den Fassanstich, damit du beim nächsten Mal Stimmenkönig wirst.*

○ 4. *Du machst möglichst vielen Menschen klar, welche Macht sie als Wähler haben.*

DIE REFERENTENWAHL

Der große Sitzungssaal füllt sich. Der Lärmpegel ist höher als sonst, Spannung liegt in der Luft. Die eine oder andere Begrüßung fällt frostig aus, manche der Kolleginnen wollen sich nicht in die Augen schauen. Der Wahlkampf hat tiefe Wunden geschlagen, die Niederlage ist noch nicht verdaut. Die Gewinner bemühen sich um Gelassenheit und staatsmännisches Auftreten.

Die Wahl liegt nun schon zwei Monate zurück. In der Zwischenzeit fanden hektische Verhandlungen statt, die eine neue Machtkonstellation hervorgebracht haben. Wer vorher Regierung war, ist jetzt Opposition und umgekehrt. Ein paar kleinere Gruppierungen haben ihr Fähnlein nach dem Wind gehängt. Dies alles schlägt sich in der neuen Sitzordnung nieder, in der man sich nun zurechtfinden muss. Der eine rückt nach hinten, die andere nach vorn. Im Zuschauerbereich drängen sich viele, die bei der Eröffnung der neuen Stadtratsperiode dabei sein wollen.

Der neu gewählte und bereits vereidigte Oberbürgermeister schlägt die große Glocke an und sorgt für Ruhe. Zur Feier des Tages trägt er seine goldene Amtskette. Noch sitzt er allein auf der Regierungsbank. Er begrüßt die Mitglieder des Stadtrats und hofft auf gute Zusammenarbeit zum Wohle der Stadt. In einer knapp gehaltenen Rede entfaltet er die Ziele der Regierungskoalition für die kommenden Jahre. Nach dem Applaus beginnt die eigentliche Sitzung, zu der, wie der Oberbürgermeister anmerkt, form- und fristgerecht eingeladen wurde. Die Anwesenheit wird festgestellt. Die Stadträte blättern in den Unterlagen, die aussehen wie immer.

Der wichtigste und auch von der Öffentlichkeit mit Spannung erwartete Tagesordnungspunkt ist die Wahl der Referenten, also der Stadtminister, sowie der Bürgermeisterinnen, die den Oberbürgermeister vertreten. Der neue Oberbürgermeister hat seine Vorschläge gemacht. Wird die frisch gezimmerte Mehrheit halten? Oder gelingt es der Opposition, mit einem Gegenvorschlag das junge Regierungsbündnis zu sprengen? Die Kandidaten treten ans Mikrofon und stellen sich vor. Sie müssen auch einige Nachfragen zu ihren Arbeitsbereichen parieren – wie sie sich die Zukunft der Schulen vorstellen, der Umwelt, der Finanzen usw. –, und in dieser Zeit beginnt man bereits, sich an den Neuen dort oben auf dem OB-Sessel zu gewöhnen, das Bild des alten Amtsinhabers verblasst. Bei jeder Wahlentscheidung treten die Stadträte in einem etwas unübersichtlichen Defilee nach vorne und machen ihr Kreuzchen hinter einem provisorisch aufgebauten Sichtschutz. Diese strenge Maßnahme hat die neue Opposition beantragt. Sie gibt damit der Vermutung Nahrung, bei den Abstimmungen könne es knapp zugehen, und die freie Entscheidung des einzelnen Stadtrats dürfe nicht durch die Angst vor den wachsamen Augen der neben ihm sitzenden Fraktionskollegin beeinträchtigt werden. Bei fünf Wahlen geht alles glatt, nach und nach füllt sich die Regierungsbank. Dann steht die Entscheidung über den neuen Baureferenten an. Die alte Amtsinhaberin kandidiert gegen den Favoriten des Oberbürgermeisters. Während der Auszählung der Stimmen schäkert der Oppositionsführer entspannt mit einer hinter ihm sitzenden blonden Nachwuchshoffnung, fixiert aber gleichzeitig die Hände der Wahlkommission, wie sie die Zettel auf zwei Häufchen verteilen. Als das Ergebnis bekannt gegeben wird, reißt er jubelnd die Arme hoch. Seine Strategie ist aufgegangen. Die alte

Amtsinhaberin bleibt. Vier Stadträte aus dem Regierungslager haben gegen den Kandidaten ihres Oberbürgermeisters gestimmt und ihm gleich zu Beginn seiner Amtszeit eine empfindliche Niederlage zugefügt. Da haben sich wohl die im Baubereich besonders ausgeprägten Seilschaften und privaten Interessen gegen die Fraktionsdisziplin durchgesetzt.

Das Gesicht des Oberbürgermeisters lässt keinerlei Rückschlüsse auf seine Gemütslage zu. Bevor seine Amtszeit richtig begonnen hat, ist er schon angeschlagen. Sein Verhältnis zur Fraktion wird durch die Verräter in den kommenden Jahren vergiftet sein. Aber er fährt in der Geschäftsordnung fort, ohne auf das Feixen der Opposition zu achten. Zur Vereidigung der Referenten erhebt er sich mit seiner goldenen Kette und trägt die Eidesformel Satz für Satz vor. Die Neugewählten sprechen sie nach, auch den Schluss »So wahr mir Gott helfe«. Keine fällt aus dem Rahmen. Die Journalisten bilden einen dichten Ring um die Szene, sie filmen und fotografieren die Gesichter der Neuen und auch die der Fraktionsvorsitzenden, die zum Gratulieren nach vorne kommen. Man überreicht Blumen und Rotwein. So manches Lächeln sieht abgerungen aus oder auch schadenfroh. Dann nehmen alle wieder Platz, die Sitzung geht weiter. Auf der Tagesordnung stehen eilige Finanzangelegenheiten und ein Grundstücksverkauf.

Was denkst du?

Bei deiner Wahl hat es keine Überraschungen gegeben. Trotz der Aufregung hast du dich einigermaßen kompetent präsentiert. Du sitzt nun frisch vereidigt oben auf der Referentenbank und schaust aus neuer Perspektive in den Sitzungssaal. Bislang bist du in der hintersten Bank gesessen und hast Mühe gehabt, deine Oppositionsschelte überhaupt bis nach vorne durchdringen zu lassen. Bei den Abstimmungen bist du mit deinen Leuten meist unterlegen, zur großen und lautstarken Freude der Hinterbänkler der Regierungsfraktion.

Aber jetzt sitzt du oben, zusammen mit dem Oberbürgermeister und deinen neuen Kollegen, und schaust den Protokollantinnen nicht mehr ins Gesicht, sondern auf den Hinterkopf. Du siehst die Räte dir gegenüber in den Reihen sitzen, ihre Augen sind auf dich gerichtet. Dies ist so merkwürdig und zugleich erhebend, dass du jetzt gerade nicht darüber nachdenken willst, ob du dich dem neuen Amt überhaupt gewachsen fühlst. Du sitzt da oben und schaust auf Leute, von denen du weißt, dass sie dich nicht ausstehen können und alles tun werden, um dich von hier wieder wegzubringen. Zum Beispiel vorne rechts die Fraktionsvorsitzende, die Wahlverliererin, die Mühe hat, eine würdevolle Miene zu bewahren. Ihr Stellvertreter trägt ein kühles Politikerlächeln auf seinem Pokerface. Was dahinter vorgeht, möchtest du gar nicht wissen. Du schaust auf Leute, die deine Weggefährten waren, an denen du nun aber vorbeigezogen bist, nicht ohne vielleicht auch eine Wunde hinterlassen zu haben. Du schaust auf Leute, die erst einmal sehen wollen, was du so bringst, und andere, die sich freuen, dass einer der Ihren jetzt da oben sitzt. Du schaust sie alle an und wunderst dich, wie das alles so hat kommen können.

Lektion

In unseren Kommunen werden Machtwechsel nicht mit Degen oder Pistolen und auch nicht mit Macheten ausgetragen, sondern durch Wahlen eingeleitet und dann unter Befolgung fester Spielregeln vollzogen. Dies scheint selbstverständlich, ist es aber nicht. Es handelt sich in Wirklichkeit um einen erstaunlichen Vorgang. Wir genießen Errungenschaften, die wir Denkern und Kämpferinnen früherer Zeiten zu verdanken haben, Errungenschaften, die auch leicht wieder verspielt sind.

Wie wertvoll die demokratischen Spielregeln sind, merkt man besonders deutlich in einem solchen Moment der Regierungsübergabe. Eine sorgfältig arbeitende Verwaltung hat die Inszenierung vorbereitet und wird dies auch beim nächsten Machtwechsel wieder tun. Die neue Sitzordnung, in der sich die veränderten Kräfteverhältnisse spiegeln, hat sie schriftlich an die Fraktionen verteilt, und jeder, der nun seinen Platz einnimmt, akzeptiert damit, stolz oder zähneknirschend, in jedem Fall aber ohne zur Waffe zu greifen, die neue Lage. Die Form wird gewahrt, die Abstimmung gilt, und sei die Mehrheit noch so hauchdünn oder auch sachfremden Seilschaften geschuldet. Für die kommenden Jahre tragen neue Leute Titel und Verantwortung, die sie allerdings, sollte es die Wählerin so wollen, dann auch wieder klaglos abzugeben haben. Gäbe es diese formalisierten Rituale des Übergangs nicht, wären Mord und Totschlag an der Tagesordnung.

Ganz sicher wird nach der ersten Schrecksekunde wieder zum Krieg gerüstet. Längst sind viele von denen, die hier so friedlich sitzen, mit den Vorbereitungen zum Gegenschlag beschäftigt. Aber sie werden ihn innerhalb von Regeln führen, die eine offene Schlacht verhindern.

Du bist bewegt und beeindruckt von den Vorgängen des heutigen Tages und weißt, dass du einige Zeit brauchen wirst, um dich in dem neuen Amt zu Hause zu fühlen. Was tust du?

- ○ 1. *Du wirst nie wieder über die Demokratie schimpfen und auch mit denen höflich umgehen, von denen du weißt, dass sie dich nicht ausstehen können.*
- ○ 2. *Du wirst es jetzt denen zeigen, die es dir bisher gezeigt haben.*
- ○ 3. *Du wirst deine neue Position nutzen, um deine Macht so zu festigen, dass du auch die nächste Wahl überstehst.*
- ○ 4. *Du lässt dir so schnell wie möglich ein Schild mit deinem neuen Titel an die Haustür schrauben.*

DIE KLEIDUNG

Der Kultusminister des Landes hat sich angesagt. Schließlich wird nicht alle Tage der hundertste Todestag der weltberühmten Dichterin gefeiert, jener großen Tochter der Stadt. Die Dichterin ist Zierde und Standortfaktor, auch für das Land, weshalb es dem Minister eine angenehme Pflicht ist, zum Festakt zu erscheinen.

Noch ist er allerdings nicht eingetroffen. Ränge und Parkett des Theaters, das für dieses Ereignis den Gastgeber spielt, sind gut gefüllt mit gepflegt gekleideten Gästen. Man weiß, wie man sich zu einem solchen Anlass zu präsentieren hat – nichts Extravagantes wie vielleicht zu einer Theaterpremiere oder gar zum Opernball, aber Qualität muss sein. Wer keine Krawatte trägt, gehört höchstwahrscheinlich dem Milieu der Kulturschaffenden an, wo Unangepasstheit zum guten Ton gehört. Architekten und Theaterleute tragen gerne die Uniform Schwarz, das hebt sie als Angehörige der kreativen Klasse heraus. Auf jeden Fall ist Krawattenlosigkeit kein untrügliches Zeichen mehr für eine links von der sogenannten bürgerlichen Mitte angesiedelte politische Gesinnung. Pflicht zum Schlips besteht indessen ausnahmslos für alle Amts- und Würdenträger, und falls diese weiblich sind, empfehlen sich Kostüm oder zumindest eleganter Hosenanzug mit entsprechendem Schuhwerk.

Vom Minister ist immer noch nichts zu sehen, wahrscheinlich steht er im Stau auf der Vorkriegsautobahn, um deren Ausbau sich die Staatsregierung nun endlich einmal energischer kümmern müsste. Wenn sich später beim Empfang die Gelegenheit ergeben sollte, kann man ihm das ja nahelegen – nicht dass er es zum ersten Mal zu hören bekäme. Doch wenn man der Staatsregierung nicht bei jeder Gelegenheit unter die Nase reibt, wie viel Unmut bei den Bürgern (und das sind ja Wähler!) die systematische Benachteiligung der Stadt erregt, dann geschieht ja nie etwas.

Plötzlich entsteht Unruhe, durch die vordere Seitentüre schiebt sich ein Pulk herein, einige Fotografinnen blitzen, das scheint er zu sein, der Minister. Jetzt wird er begrüßt, vom Oberbürgermeister und seiner Frau, die ein helles Kostüm trägt, daneben die Bildungsreferentin im diskreten schwarzen Hosenanzug. Auch ein paar andere Wichtigtuer sind dabei, die zusammen mit dem Minister gesehen werden wollen, am besten händeschüttelnd auf einem Pressefoto, dann nehmen alle Platz, das städtische Orchester stimmt auf den Festakt ein. Der Oberbürgermeister begrüßt die Festversammlung und den hohen Gast, der alsbald die Bühne betritt, um die Dichterin in seiner Rede zu würdigen.

Im Parkett und auf den Rängen heben sich erstaunte Augenbrauen. Wer ein Opernglas besitzt, hängt sich damit weit über die Brüstung. Der Minister trägt Jeans! Das hat man gerade deutlich gesehen, als er über die Bühne schritt. Und was er jetzt zeigt, oberhalb des Rednerpults, ist auch nicht das, was man erwartet hätte. Keine Krawatte! Mit etwas gutem Willen kann man Kragen und Janker ins Trachtenmäßige interpretieren, aber ein Schlips wäre schon Pflicht gewesen an einem Abend wie diesem. Er spricht ja ganz ordentlich, sein Redenschreiber scheint immerhin die Dichterin zu kennen und hat die richtigen Zitate eingebaut. Aber Jeans!

Nach dem Festakt veranstaltet die Stadt einen Empfang im Foyer des Theaters. Bei Sekt und Brötchen wird der Minister erwartungsgemäß nicht nach der großen Tochter der Stadt, sondern nach dem beklagenswerten Zustand der Autobahn befragt. Er bleibt allerdings nur kurz, überhaupt scheint er nicht besonders aufgeräumter Stimmung zu sein, und nach seinem Weggang ist die Bühne frei für die Diskussion seines Auftritts. Mal wieder typisch, heißt es, der halte es nicht für notwendig, sich für die große Dichterin anständig anzuziehen. Man sei von denen dort in der Landeshauptstadt ja noch nie wirklich ernst genommen worden. Es gibt auch Widerrede, vor allem aus den Reihen der Theaterleute. Sie schätzen eine gewisse Ungezwungenheit im Äußeren, hinter der sie auch eine Liberalität im Geiste vermuten, und außerdem, geben sie zu bedenken, gehörte das Herz der Dichterin dem kleinen Mann, von Krawattenträgern habe sie sich nie beeindrucken lassen. Beim zweiten Glas Wein wendet sich das Gespräch dann anderen Themen zu, aber insgesamt hinterlässt der Besuch des Ministers einen faden Nachgeschmack.

Was denkst du?

Was für ein unnötiges Geschwätz. Solchen Firlefanz machst du nicht mit. Mit Kleiderfragen willst du dich nicht aufhalten. Schließlich kommt es darauf an, dass einer gute Arbeit macht. Du konzentrierst dich auf den Job und nicht auf dein Äußeres. Du bist ohnehin eine von der lässigen Sorte. Was ist so schlimm an Jeans? Das sind doch alles sehr enge Vorstellungen. Du hast gerade mit dem Gedanken gespielt, dir fürs Büro eine Jeansjacke zu kaufen. Auf keinen Fall möchtest du den Eindruck erwecken, als würdest du mit dem neuen Amt auch eine gehobene Kleidung anlegen und dich damit vom Rest der Bevölkerung abheben. Was würden deine Wählerinnen dazu sagen? Repräsentationstermine gibt es ja häufig, sie gehören zur alltäglichen Arbeit. Du müsstest deine komplette Garderobe umstellen und auch neue Schuhe kaufen, vom Mantel ganz zu schweigen. Die zwei Jacketts, mit denen du den Wahlkampf bestritten hast, sind, so betrachtet, nicht mehr öffentlichkeitstauglich. Wenn du in einem Mantel aus gediegenem Zwirn hier ankämst, so wie die anderen, dann würde dich am Ende womöglich selbst das Gefühl überwältigen, etwas Besseres zu sein. So weit darf es nicht kommen. Du willst bleiben, wie du bist.

Am Abend soll die neue Sitzungsperiode eröffnet werden. Tagsüber hast du einiges im Kalender stehen. Du eilst von Termin zu Termin, mit dem Zug in die Landeshauptstadt und wieder zurück, längere Wege zu Fuß, du trägst also Sportschuhe mit bequemen Socken. Die Gespräche, die du zu führen hast, verlangen deine volle Aufmerksamkeit. Zum Festakt am Abend triffst du knapp und außer Atem ein.

Beim Betreten des Saales stößt du gleich auf die Fraktionskolleginnen. Wie üblich macht ihr milde Witze über den Auftrieb hier und das Schaugehabe gewisser Figuren, bis dich der Zeremonienmeister der Stadt darauf aufmerksam macht, dass für dich ein Platz in der ersten Reihe reserviert ist. Dass du hier heute eine andere Rolle als früher einzunehmen hast, war dir völlig entfallen. Du sitzt neben dem Oberbürgermeister, auf den alle Kameras gerichtet sind. Er trägt seine goldene Amtskette, und auch seine Krawatte ist mit feinen goldenen Fäden durchwirkt. Sämtliche Würdenträger in der ersten Reihe bieten den Kameras gepflegte Gesichter und Frisuren, und an den ordentlich übergeschlagenen Beinen, ob männlich oder weiblich, ragt jeweils ein Fuß in einem korrekt polierten Schuh in den Raum. Du machst keine Witze mehr und versteckst während der ganzen Veranstaltung deine Treter mit den bunten Socken unter dem Sitz.

Lektion

Die Kleidung der Mächtigen ist seit Jahrtausenden von großer symbolischer Bedeutung. Schon die ägyptische Königin Hatschepsut musste sich einen Bart unter das Kinn binden, als Zeichen ihrer Macht. Ohne Bart keine Herrschaft im alten Ägypten. So weit geht man im heutigen politischen Betrieb nicht. Aber auch unter den vergleichsweise schlichten Bedingungen der Demokratie entfaltet sich im Äußeren der handelnden Personen ein feines symbolisches Spiel. Gewerkschaftsführerinnen erscheinen zu Tarifverhandlungen in einem Outfit, das sich nicht wesentlich von dem der Bosse unterscheidet. Sie wollen auf gleicher Augenhöhe verhandeln und wissen, dass ihre Mitglieder keine Schmuddelfiguren als Vertreterinnen akzeptieren. Kommt der Politiker schlampig angezogen zu einem offiziellen Termin, fühlen sich die Besuchten abgewertet. Sieht man die Politikerin übermäßig aufgedonnert beim Weihnachtsfest des Sparkassenaltenheims, wird dies als geschmacklos empfunden. Wer ein öffentliches Amt innehat, ist keine Privatperson mehr, sondern steht auch für die Stadt oder den Staat und ist auf subtile Weise mit den Vorstellungen und Erwartungen der Bürgerschaft verbunden. Selbstverständlich kann man sich darüber hinwegsetzen. Aber man darf sich nicht wundern, wenn das dann Folgen hat.

Dieses Thema geht dir auf die Nerven. Was tust du?

○ 1. *Du nimmst dir vor, einen Teil deiner Aufwandsentschädigung in eine dem Amt angemessene Kleidung zu investieren.*

- ○ 2. *Du bittest das Lokalfernsehen, alle Passagen, in denen du während der Ratseröffnung zu sehen bist bzw. vor allem deine Schuhe, zu schneiden.*
- ○ 3. *Du bleibst bei deinem Entschluss, an deinem Äußeren nichts zu ändern.*
- ○ 4. *Du befolgst den Rat eines Freundes und suchst dir eine Imageberaterin.*

DIE KLIENTEL

Kaum ist die neue Regierung im Amt, werden Veränderungen spürbar. Selbstverständlich hat diese neue Koalition ein Papier mit ihren Zielsetzungen verfasst. Aber es geschieht auch noch anderes.

In Windeseile werden neue Stellen bei der Stadt geschaffen, auf denen sich der eine oder andere Wahlkampfunterstützer glücklich wiederfindet. Nicht alle Beobachterinnen sind überzeugt, dass diese wirklich die geeignetsten Kandidaten sind. Ausgewählte Verwaltungsmitarbeiter werden blitzschnell befördert, in der Erwartung, dass sie dies der neuen Regierung ewig danken werden. Damit sind erste Bausteine einer Machtbasis für die kommenden Jahre gelegt, Bausteine allerdings, die die Steuerzahlerin einiges an Geld kosten.

Im Kulturbereich ist der Wechsel besonders deutlich zu spüren. Ein kleines Filmkunsttheater, das sich im Wahlkampf öffentlich auf die Seite der jetzt Regierenden gestellt hat, wird in die Regelbezuschussung aufgenommen. Bei den Premierenfeiern der neuen Saison fallen dort insbesondere Stadträtinnen der neu geschaffenen Regierungskoalition durch heftiges Klatschen auf. Auf den öffentlichen Empfängen der Stadt erscheinen völlig neue Gesichter, andere altbekannte verschwinden. Solche, die immer da sind, suchen sich nun neue Gesprächspartner. Die Leiterin des Stadtmuseums, die sich kurz vor der Wahl schon am Ziel ihrer Wünsche wähnte (nämlich der Sanierung und Erweiterung ihrer maroden Räumlichkeiten), kann nur unvollkommen verbergen, dass sie von einer tiefen Depression erfasst wurde. Umgekehrt hat der Intendant der Schaubühne offenkundig Oberwasser. Er weiß, nun wird ihm jeder Wunsch von den Augen abgelesen und er wird als Sanierer der Unterbühnenmaschinerie in die Theatergeschichte eingehen.

Bestimmte Wohlfahrtseinrichtungen, die – parteilich der neuen Regierung näher stehend – bisher in jedem Jahr um ihre Zuschüsse kämpfen mussten, atmen nun auf und freuen sich auf fette Jahre. Der Automobilclub dagegen, der seit langem auf die Einrichtung eines Fahrübungsplatzes hinarbeitet, sieht seine Felle davonschwimmen. Man überlegt, ob man nicht so schnell wie möglich an die Presse gehen sollte, um die Folgen mangelnder Fahrpraxis (Unfallopfer!) schon einmal als Drohung an die Wand zu malen. Das baut Druck auf, manchmal muss man Zähne zeigen. Auf der anderen Seite würde ein solcher Schritt mit Sicherheit nicht als vertrauensbildende Maßnahme für die zukünftige Zusammenarbeit mit der neuen Stadtregierung gewertet werden.

Auch bei den Aufträgen im Baubereich, insbesondere bei den Architekturbüros, deutet sich ein Wandel an. Hier geht es um besonders viel Geld. Deshalb sind die Verflechtungen traditionell eng, meist allerdings für den Unkundigen schwer zu durchschauen. Offiziell werden Aufträge ab einer bestimmten Größenordnung öffentlich ausgeschrieben und durchlaufen den Bauausschuss. Trotzdem ist immer wieder das Phänomen zu beobachten, dass periodenweise bestimmte Büros dominieren, was keineswegs immer allein auf ihre Leistungsfähigkeit zurückzuführen ist. Auch private Auftraggeber bevorzugen dann plötzlich diese Büros, da sie so mit einer konfliktfreien Behandlung ihrer Anträge durch die Verwaltung rechnen dürfen. Nachweisen lässt sich das nicht. Bei diesem Regierungswechsel allerdings gibt es eine Architektin, die in aller Offenheit ihren Beitrag zur gewonnenen Wahl hervorhebt und nun auf Einfluss pocht. Sie hat mit populistischen Parolen gegen ein Bauprojekt dabei mitgeholfen, den Wahlkampf zu drehen, und ist nun empört, dass ihre Leistungen nicht entsprechend honoriert werden. Sie hätte mit Sicherheit, glaubt sie und sagt sie, eine gute Stadtbaurätin abgegeben. Sie erntet nur Kopfschütteln. Wer so etwas öffentlich äußert, hat die Spielregeln nicht begriffen.

Was denkst du?

Das ist wieder einmal Politik zum Abgewöhnen. Dafür wählt man doch nicht, dass nun einfach eine neue Klientel bedient wird. Es geht doch um die Sache! Die Menschen wollten eine andere Politik, und deshalb ist es die vornehmste Aufgabe der Gewählten, Strategien zu entwickeln, wie sie ihr Wahlprogramm umsetzen können.

Du zum Beispiel hast vor der Wahl versprochen, dem Sport zu mehr Gewicht in der Stadt zu verhelfen. Du hast zahlreiche Vereine besucht (bei zweien bist du seit Jahren Mitglied, du kennst die Materie also von innen), du hast dir ihre Sorgen angehört. Zusammen mit Sportsfreunden aus allen Bereichen hast du Pläne geschmiedet, wie man aus eurer Stadt eine Sportstadt von Rang machen könnte.

Nun sitzt du in deinem Büro, und einer nach dem anderen kommen sie herein und tragen dir ihre Wünsche vor, vor allem diejenigen, die es schon immer verstanden haben, sich bemerkbar zu machen. Der Vorsitzende des Sportvereins Süd braucht eine Ermäßigung des Erbpachtzinses, sonst könne er zumachen, und alles, was er tue, sagt er, tue er doch für die Stadt. Die Übungsleiterinnen schicken eine Abordnung, die dir klarmacht, dass ihre Entschädigung ein Witz sei angesichts dessen, was sie für die Stadt leisten. Die Vorsitzende des Sportvereins West erinnert dich an die Toilettensituation im Vereinsheim. Die sei, wie du ja aus eigener Anschauung wüsstest, untragbar. Und das Dach über der Eisfläche in Neusüdstadt sei schon seit Langem versprochen, erklärt dir der dortige Vorstand, das stehe auch in deinem Wahlprogramm, das wolle man nun sofort in Angriff nehmen. Sie hätten alle ihre Hoffnungen auf den Regierungswechsel gesetzt und diesen im Vorfeld auch entsprechend unterstützt.

Noch bevor alle diese Termine vereinbart wurden, hat der Kämmerer in der Referentenbesprechung die finanzielle Situation der Stadt dargelegt. Man habe Schlimmes befürchtet und deshalb auch einen Kassensturz angekündigt, war seine Botschaft, aber ein solches Desaster habe man nun doch nicht erwartet. Zu der leichtsinnigen Haushaltspolitik der Vorgänger addiere sich auf unglückselige Weise die verheerende Finanzlage im Bund, die zu einem unerwartet drastischen Steuereinbruch bei den Kommunen geführt habe. Es werde Heulen und Zähneklappern geben, darauf müsse er die Kolleginnen vorbereiten, die jeweiligen Budgets müssten empfindliche Einbußen gewärtigen. Neue Investitionsprojekte werde es in absehbarer Zeit nicht geben, man könne froh sein, wenn man die begonnenen Vorhaben zu Ende zu bringen imstande sei.

Diese Lage musst du nun allen deinen Besuchern schildern, zu denen sich auch noch der Fußballverein gesellt, der fest damit rechnet, dass am Ende dieser Stadtratsperiode ein neues Stadion die Bemühungen des Clubs, sich von einem Abstiegskandidaten zum Aushängeschild der Stadt emporzuarbeiten, krönen wird. In deiner ersten Ausschusssitzung hast du das Ziel der Sportstadt bekräftigt. Du willst dein Wahlversprechen einlösen. Du möchtest den Sportbereich, der bislang ein Stiefkind war, strategisch neu aufgleisen, und zwar durch ein ausgewogenes Verhältnis von Spitze und Breite. Die Spitzenleistung sorge für Außenwirkung, so deine Argumentation, und überzeuge die Entscheidungsträger, also auch die Stadträte im Finanzausschuss, von der Bedeutung des Sports im Allgemeinen und insbesondere im Bereich Stadtmarketing und bei der Schaffung eines Wir-Gefühls in der Kommune, über alle Schichten hinweg. Der Funke der Begeisterung werde dann auf den Breitensport überspringen und auch diesem eine bessere Förderung als bisher sichern. Und in der augenblicklichen kritischen Situation wird die Vision der Sportstadt, sagst du, ein Schutzwall gegen den Rotstift sein.

Trotz der katastrophalen Finanzlage hältst du also an den Stadionplänen fest, die zunächst ja auch nur Planungsmittel erfordern, während du gleichzeitig den vielen kleinen Wünschen der Vereine auf Zuwendungserhöhung eine Absage erteilen musst. Das vorrangige Ziel müsse es im Augenblick sein, sagst du, das Bestehende zu erhalten und gegenüber dem Kürzungsdruck des Kämmerers zu behaupten. Du verweist auf die harten Einschnitte, von denen man aus anderen Städten hört, und appellierst an das Verständnis der Beteiligten angesichts dieser Ausnahmesituation.

Ein Sturm der Entrüstung bricht los. Kaum ist er im Amt, heißt es (falls du ein Mann bist), da kehrt er uns hochnäsig den Rücken zu. Er brüstet sich mit Leuchtturmprojekten und diniert mit Investoren, und uns, die wir uns tagtäglich ehrenamtlich darum kümmern, die Jugend von der Straße zu holen, uns lässt er im Regen stehen. Dies ist auch das Bild, das die Presse von dir entwirft. Die alten Freunde, die die Vorgänge nur über die Medien wahrnehmen, verstehen dein Verhalten nicht mehr und fühlen sich verraten.

Für dich ist das ein schmerzhafter Prozess. Du bist überzeugt, dass deine Strategie richtig ist. Du hast jetzt tieferen Einblick in die Zusammenhänge und siehst, die Dinge sind komplizierter als gedacht, ganz anders als damals am Stammtisch, wo ihr gemeinsam beim Bier über die Politik geschimpft habt. Es ist sehr schwer zu erklären, wenn auch für dich unstrittig, dass du jetzt einfach langfristig gute Politik für alle machen willst und nicht in erster Linie deine Klientel befriedigen kannst. Du bräuchtest viel Zeit, dies mit jedem zu besprechen, Zeit, die du allerdings nicht hast. Außerdem haben die Medienberichte die Atmosphäre längst vergiftet.

Du gehst zwar noch zum Stammtisch, aber es ist nicht mehr dasselbe wie früher. Da ist eine Distanz, die Rollen haben sich verändert. Und du bist nicht mehr frei, alles auszusprechen, was du weißt, zum Beispiel über den stellvertretenden Vorsitzenden des Turn- und Sportvereins Mitte, der hier sitzt und sich über schlechte Behandlung beklagt, da könntest du schon einen Satz dazu sagen, warum es nicht zu verantworten ist, in seinen Verein noch mehr öffentliches Geld zu pumpen. Aber das ist dir jetzt verwehrt. Du musst jetzt diplomatisch sein. Du würdest gerne daran erinnern, dass man doch auch hier am Tisch immer entschieden gegen Klientelwirtschaft gewesen sei und gegen Vetterleswirtschaft und die ganze Schweinerei. Aber damals waren das halt die anderen, jetzt möchte man endlich einmal selber an der Reihe sein. Man dürfe doch nicht glauben, rufst du beschwörend, dass die für das Stadion vorgesehenen Mittel, würde man das Projekt begraben, dann dem Breitensport zufließen würden. Ganz im Gegenteil: Sie würden in den Weiten des Haushalts verschwinden und für den Sport insgesamt verloren gehen. Aber es hilft nichts, du hast es dir mit allen verscherzt.

Lektion

Ein Regierungswechsel bringt nicht nur neue Köpfe in den Stadtrat und an die Stadtspitze, er bewirkt auch eine gesellschaftliche Verschiebung. Bei städtischen Veranstaltungen spielt nun eine andere Musik. Wo vorher die Blaskapelle spielte, erregen jetzt Hiphopper Staunen; wo vorher Lorbeerbäumchen das Rednerpult rahmten, schmücken jetzt bunte Gestecke den Saal. Bei Begrüßungen durch das Stadtoberhaupt sind die Rollen vertauscht (→ »Das Grußwort«). Manch einer, der vorher geschmeichelt lächelte, versteckt jetzt seine Verbitterung hinter einer unbeweglichen Maske. Jetzt sitzen das Frauenzentrum und die Naturschutzallianz vorne, nicht mehr der Jagdverband, und die von der abgewählten Regierung noch schnell gegründete Bürgerstiftung hockt wenig beachtet in der vorletzten Reihe. Die neue politische Linie stützt sich auf andere Kräfte und fördert sie entsprechend. Sie spiegelt eine andere Wählermehrheit wieder, auch im Einfluss von Initiativen, Vereinen und Verbänden. Die bisher Benachteiligten erwarten jetzt Vorteile und umgekehrt.

Das hat die Wählerin so gewollt. Die Stadt wird sozusagen einmal mit dem Kochlöffel umgerührt. Davon muss die Suppe nicht jedes Mal besser werden, aber wenn das nie oder zu selten geschieht, dann ist mit mycelartig verwucherten Seilschaften zu rechnen.

Dass Seilschaften entstehen, liegt in der Natur der Sache und ist nicht zu vermeiden (→ »Der Sponsor«). Eine Stadt ist wie ein Spatzennest, in dem alle sitzen und glauben, sie kriegen zu wenig, weshalb sie den Hals so lang wie möglich machen, den Schnabel so weit wie möglich aufreißen und so laut wie möglich nach dem Wurm schreien. Besonders in der Zeit eines Regierungswechsels wühlt und rumort es in allen Teilen der Gesellschaft. Jede versucht, sich neu zu arrangieren und ihre Schäfchen ins Trockene zu bringen. Jeder ist dabei, Kanäle zur Beförderung seiner Interessen zu finden, über den Zusammenschluss in Initiativen, über den Beitritt zu einem Verein oder Club, über Leute mit Einfluss, über die Medien und selbstverständlich auch über die Partei, der man sich nahe fühlt.

Das ist keinem zu verübeln. Die Politikerin wird naturgemäß gerne die Wünsche aus der Stadtgesellschaft unterstützen, die ihrer politischen Linie entsprechen, dafür wurde sie gewählt, und sie braucht diese Kräfte ja als Bundesgenossen, als Quellen der politischen Energie. Die Versuchung ist aber groß, sich auch anderweitig durch Gefälligkeiten Unterstützer zu sichern und Verpflichtungen einzugehen, die sich in der Sache nicht mehr zwingend erschließen. Die Frage ist ja, ob die Politikerin ganz ohne die Dankbaren auskommt, auf die sie dann irgendwann im entscheidenden Moment zurückgreifen kann. Ohne Verbündete, ohne ein gut funktionierendes Netzwerk ist sie aufgeschmissen. Zudem will sie ja auch nah am Bürger sein und seine Wünsche aufnehmen. Wo allerdings der Bürgerwille aufhört und die Klientelwirtschaft anfängt, ist nicht immer leicht herauszufinden (→ »Der Ortsverein«, → »Der Bürgerwille«). Auf jeden Fall möchte man sich keine Stadtgesellschaft vorstellen, die tatsächlich nach dem Spatzennestprinzip funktioniert: Wer am lautesten schreit, gewinnt.

Du bist hin- und hergerissen zwischen politischen Prinzipien und machtorientierter Vernunft. Was tust du?

○ 1. *Du triffst dich mit Mitgliedern deiner Klientel und versuchst, ihnen klarzumachen, dass es dir um Gerechtigkeit geht. Sie sind schließlich nicht die einzigen, die Wünsche haben.*

○ 2. *Du fragst deine Stadtratskollegen, warum sie immer mitschreiben, wenn nichtöffentlich über Auftragsvergaben berichtet wird.*

○ 3. *Du spielst die Mitglieder deiner Klientel gegeneinander aus – wer zu dir steht, kriegt mehr, wer nicht, kriegt weniger – und verhinderst auf diese Weise, dass eine Front gegen dich entsteht.*

○ 4. *Du baust dir wie die anderen krisensichere Stützpfeiler in der Gesellschaft auf. Dem stellvertretenden Vorsitzenden des Turn- und Sportvereins Mitte legst du die Hand auf die Schulter, er kann sich auf dich verlassen.*

DAS GRUSSWORT

Der Wohlfahrtsverband hat hundertjähriges Jubiläum. In der Halle sind Tische in langen Reihen aufgebaut. Viele freiwillige Helfer haben tagelang gearbeitet, Blumen auf die Tische gestellt und sogar die Wände mit festlichen Fahnen geschmückt. Nun strömen sie alle herein, die Mitglieder des Verbands mit ihren Familien, die Mitarbeiter, Freundinnen und Förderer, sie grüßen sich laut und herzlich und klatschen sich gegenseitig auf die Schulter, hundert Jahre, das ist schon was. Oben auf dem Podium hat die Musikkapelle Platz genommen und die Instrumente gestimmt, es sind auch ein paar Kinder dabei, die vor Aufregung kaum still sitzen können.

Endlich kommen die Ehrengäste herein, die Vorsitzende des Verbands und ihr Stellvertreter, Gesandte anderer Verbände, Politiker aus Stadt, Bezirk und Land, der Oberbürgermeister, der Regierungspräsident und die Bezirkstagspräsidentin, sogar eine Bundestagsabgeordnete ist dabei. Dann der Bischof, von der anderen Konfession immerhin die Dekanin, Vertreter weiterer Glaubensgemeinschaften, Geschäftsführer, Heimleiterinnen, Mäzene und viele mehr. Schon beim Hereinkommen grüßen die Ehrengäste nach rechts und links, schütteln Hände, tauschen kleine Scherze mit den Verbandsangehörigen aus und lassen sich das eine oder andere Anliegen mit auf den Weg geben. Dann nehmen sie an ihrem Ehrentisch Platz und plaudern munter miteinander und mit den Gästen an den Nebentischen, lachen viel und laut. Jeder kann sehen, wie locker und fröhlich und volksnah, aber auch wie wichtig sie sind.

Nach dem ersten Musikstück steigt die Verbandsvorsitzende aufs Podium und legt ihr Manuskript auf das Rednerpult. Sie beginnt mit der Begrüßung der Ehrengäste in protokollarischer Reihenfolge, mit Namen und Funktion, was jeweils mit langanhaltendem Applaus quittiert wird. Es ist eine lange Liste. Dann sagt sie noch, sie könne leider nicht alle namentlich nennen, es solle sich aber jeder gemeint fühlen, insbesondere die Mitarbeiterinnen und Mitarbeiter und ihre Familien. Anschließend berichtet sie etwa zehn Minuten lang über Gründung, Zielsetzung und Geschichte des Verbandes und erläutert die gegenwärtige Aufgabe und Struktur. Am Ende dankt sie allen, die diese erfolgreichen hundert Jahre möglich gemacht haben, den Mitarbeiterinnen und Mitarbeitern, den Politikerinnen und Politikern, allen Wegbegleiterinnen und Wegbegleitern hier wie dort, den Mäzenen und Förderern und wer auch immer hier noch genannt werden muss. Selbst die Musikkapelle wird dankbar erwähnt und alle diejenigen, die das Fest – ehrenamtlich wohlgemerkt! – vorbereitet haben. Am Ende wünscht sie allen Anwesenden eine frohe Feier, nimmt ihr Manuskript und kehrt an ihren Platz zurück.

Als Zweiter erhebt sich der Oberbürgermeister, erklimmt das Podium und tritt ans Pult. Er hat ein launiges Zitat an den Anfang gestellt, das gewinnt ihm Sympathien, aber dann muss auch er doch noch einmal die wichtigsten Ehrengäste begrüßen und sagen, dass er alle anderen natürlich in seine Begrüßung einschließt, und dann die wesentlichen Stationen der hundertjährigen Geschichte des Verbands auflisten und seine Bedeutung für das Stadtganze herausarbeiten. Am Schluss dankt auch er allen, die am Erfolg des Verbandes über die hundert Jahre hin mitgearbeitet haben, auch den Förderern und den vielen Menschen hinter den Kulissen, die diese beeindruckende Feierstunde möglich gemacht haben.

Dann lobt er die Musikkapelle und insbesondere die Kinder, dass sie immer noch so tapfer still sitzen.

Nun ist der Bischof an der Reihe, der mit einem kleinen Gebet beginnt, in das er die Ehrengäste alle namentlich einschließt, insbesondere die Vertreter der anderen Glaubensgemeinschaften, dazu natürlich auch alle, die jetzt nicht einzeln genannt werden können, auch für die gilt Gottes Segen. Er geht dann auf die hundertjährige Geschichte des Verbandes ein unter besonderer Berücksichtigung der Bedeutung, die dieser für die Kirche des Bischofs hat, und der Unterstützung, die er durch die Kirche erfährt. Dann dankt er allen, insbesondere natürlich denjenigen, die – ob groß oder klein, ob alt oder jung, ob im Rampenlicht oder bescheiden im Hintergrund – ihre so notwendige Arbeit aus der Kraft des Glaubens verrichten.

Die Kinder auf dem Podium werden unruhig. Zunächst haben sie mit gewisser Ehrfurcht das farbenfrohe Gewand des Bischofs betrachtet und das Käppchen, das violett auf seinem Haupt glänzt, aber nun ist es höchste Zeit, dass sie nach der ersten Runde der Grußworte in einem hübschen Marsch ihre Geigen streichen und ihre Trommeln schlagen dürfen.

Es folgen jetzt die Grußworte der anderen Verbände, die den Jubilar zumindest auf einem Teil des langen Wegs begleitet haben und nun im Einzelnen die Felder der Zusammenarbeit beschreiben und an freundschaftliche Kontakte erinnern. Hier ist die eine oder andere humorvolle Episode zu hören, auf manch einem Gesicht liegt ein wissendes Lächeln, Köpfe nicken zustimmend. Der Applaus ist jetzt besonders herzlich, mit persönlichen Zurufen und viel Hallo durchsetzt. Aus dem hinteren Bereich der Halle weht der Duft des Kaffees herein, der erst nach dem Ende des Begrüßungsteils gereicht werden soll.

Im Anschluss an das nächste Musikstück spricht, wer sonst noch angefragt wurde, ein Vertreter der Förderer des Verbandes, eine Heimleiterin, eine Vertreterin der Mitarbeiterinnen und Mitarbeiter. Sie alle grüßen und danken und schauen zurück auf die hundert Jahre, nicht ohne jetzt, zu fortgeschrittener Stunde, die Situation aufzulockern mit der Bemerkung, es sei nun schon alles gesagt, nur noch nicht von jedem. Der Regierungspräsident verkneift sich gekonnt ein Gähnen, die Dekanin kämpft gegen die Schwere ihrer Augenlider. Oben auf dem Podium lässt ein Kind seinen Trommelschlegel fallen.

Nun ist es Zeit für das Schlusswort der Verbandsvorsitzenden. Sie schreitet noch einmal zum Mikrofon, dankt allen Rednern des Nachmittags für die lobenden Worte, hebt noch einmal eine besonders schmeichelhafte Formulierung hervor, dankt noch einmal der Musikkapelle und vor allem den Kindern, die so lange haben still sitzen müssen, und eröffnet dann den geselligen Teil mit Kaffee und Kuchen. Ihr letzter Satz geht bereits im Applaus und dem nun mit Macht anhebenden Stimmengewirr unter.

Was denkst du?

Das willst du anders machen. Das ist ja nicht auszuhalten, so was von spießig, und außerdem stiehlt man den Leuten damit doch nur die Zeit. Sie müssen auf ihren Stühlchen sitzen, während die politische Kaste wieder einmal sich selber feiert. Jeder will nur zeigen, was er für die anwesende Zielgruppe getan hat, und sich durch seinen Dank mit ihr verbrüdern. Du beschließt also, locker mit dem Protokoll umzugehen – die Bundeskanzlerin, souverän wie sie ist, sagt sowieso bloß »Meine Damen und Herren« – und dafür umso größere Sorgfalt auf den inneren Aufbau deiner Reden zu verwenden. Darauf kommt es schließlich an. Es geht um die Wertschätzung der Menschen, die du ansprichst.

Während du von Grußwort zu Grußwort eilst, registrierst du mit Staunen, wie vielfältig sich die Stadtgesellschaft an den unterschiedlichsten Orten und zu den unterschiedlichsten Zwecken selbst organisiert und engagiert. Das willst du hervorheben. Auch wenn man dir einen Entwurf anfertigt, gibst du noch deinen persönlichen Stil dazu und eigene Gedanken zum Thema, damit du auch als dritter oder vierter Grußwortredner noch etwas Bemerkenswertes mitzuteilen hast.

Du eröffnest also eine gut besuchte Veranstaltung im Rathaussaal, es geht um die Integration von Menschen mit Migrationshintergrund. Noch am Vorabend hast du zu später Stunde am Text gefeilt und bringst nun eine schöne Rede mit, in der du einige ebenso tiefgehende wie zukunftsweisende und das Publikum einbindende Gedanken zur Integration von Menschen mit Zuwanderungsgeschichte in unserer Stadt formuliert hast. Die trägst du vor, ganz eingetaucht in den Geist der Veranstaltung. Danach stellst du fest, dass du bei deiner Anrede die Parteivorsitzende, die neben dir sitzt und nach dir spricht, sowie zwei Landtagsabgeordnete vergessen hast. Beim anschließenden Empfang begrüßt dich der Vertreter eines Migrantenvereins mit großer Herzlichkeit, aber doch auch mit Enttäuschung darüber, dass er nicht erwähnt worden ist, wo er doch seit vielen Jahren ehrenamtlich im Sinne eines guten Miteinanders in der Stadt arbeite. Eine heimische Schriftstellerin lässt ihrem Ärger freien Lauf. Nun habe sie schon drei Romane zu diesem Themenbereich verfasst, und dann werde Krethi und Plethi begrüßt, ihr Name aber nicht genannt. Es sei kein Wunder, dass Kulturschaffende, die etwas auf sich hielten, dieser Stadt den Rücken kehrten. Und einer der beiden vergessenen Landtagsabgeordneten weist dich mit scharfen Worten zurecht: Es gehe ja nun wirklich nicht um seine Person. Aber mit ihm werde bei einer solchen Behandlung das gesamte Volk missachtet, das er vertrete.

Lektion

Schon allein die Bezeichnung »Grußwort« hat einen Hauch des Lächerlichen. Schwitzende Redner, sich verhaspelnde Honoratiorinnen, schnarchende Zuhörer – all das liefert Stoff für unzählige Anekdoten. Und doch sollte man die Bedeutung des Grußwortes nicht unterschätzen.

Seit den Anfängen der Zivilisation ist die Begrüßung ein Ritual, das Normen sichtbar macht und Hierarchien schafft. Wer wird erwähnt, wer nicht? Wer kommt zuerst, wer zuletzt? Mit Grußworten kann man Politik machen. Deshalb ist das Protokoll so kompliziert, und deshalb muss und wird es immer wieder Ärger geben. Es geht schließlich um die Hackordnung. Ein Regierungswechsel wird sich sofort für alle hörbar in der Begrüßung niederschlagen. Andere als bisher werden hervorgehoben, bisher Genannte fallen in Vergessenheit und sind mit ihrem Zorn allein (→ »Die Klientel«).

Auf jeden Fall muss man wissen, was man tut, wenn man ein Grußwort spricht. Begrüßt man den Vorgänger, die Nachfolgerin? Kann man die heimische Schriftstellerin namentlich begrüßen, ohne auch den Maler zu erwähnen, der in der städtischen Kunsthalle ausstellt? Oder die Sängerin, die beträchtlichen überörtlichen Ruf genießt? Beschränkt man sich, weil das einfacher ist, auf die immergleichen Verbandsvertreter? Will man alle in der Stadt willkommen heißen oder teilt man die Gesellschaft auf in Erwünschte und Nichterwünschte? Was sagt es aus, wenn man sich über die Konvention hinwegsetzt und die Namen ganz unter den Tisch fallen lässt?

Grußworte in großer Zahl sind für die Gäste eine harte Prüfung. Für den Wohlfahrtsverband sind sie aber wie ein Ritterschlag. Sie werden nach dem Fest in einer bebilderten Broschüre zusammengefasst und dokumentieren die Größe des Ereignisses und die Bedeutung der Einrichtung. Sogar der Oberbürgermeister war da und hat ziemlich lange geredet! Hat eine angefragte Rednerin keine Zeit, wird das schnell als Missachtung empfunden. Ein Vereinsjubiläum, ein Richtfest oder eine Vernissage ohne Grußwort sind wie ein Topf ohne Deckel. Die offizielle Vertreterin der Stadt bringt die wohlverdiente Anerkennung der Gesellschaft zum Ausdruck. Sie weiß, was von ihr verlangt wird: grüßen, loben, danken. Die Mitwirkenden hervorheben. Das, was die Leute hier leisten, einbeziehen in die Gesamtleistung der Stadt. Und wenn die Rednerin klug ist, nutzt sie die Gelegenheit nicht nur, um sich das Wohlwollen der Anwesenden zu sichern, sondern auch, um ihre eigene Duftmarke zu hinterlassen, ihre Wertung, ihren Stil, ihre Vorstellung davon, wie ein gutes Zusammenleben in der Stadt aussehen kann.

Du spürst trotz allem einen starken inneren Widerstand gegen die herrschende Praxis und siehst dich nur ungern in der Rolle des Grußredners. Was tust du?

- ◯ 1. *Du machst es wie die Bundeskanzlerin und sagst nur noch »Meine Damen und Herren«.*
- ◯ 2. *Du lässt dich von der Protokollabteilung eingehend beraten und verhältst dich in Zukunft korrekt. Außerdem entschuldigst du dich bei dem Landtagsabgeordneten.*
- ◯ 3. *Du versuchst, durch möglichst kurze Reden die Sympathien deiner Zuhörer zu gewinnen.*
- ◯ 4. *Du entziehst dich der Pflicht, ein Grußwort zu halten, wo immer dies möglich ist.*

DER DIENSTWAGEN

Neben dem Rathaus, wo sonst keiner parken darf, stehen sechs glänzende Wagen der gehobenen Klasse, zwei silberne, drei schwarze, ein nicht ganz so breiter dunkelblauer. Die Fahrer sitzen hinterm Lenkrad und lesen Zeitung oder stehen an die Fahrertür gelehnt und halten ein Schwätzchen unter Kollegen. Sie kennen sich alle. Die Politikerkarawane zieht von Ort zu Ort, man trifft sich regelmäßig und hat schon manchen Tag mit gemeinsamem Warten zugebracht. Gleich werden sie von ihrer Sitzung herunterkommen und zum Mittagessen gehen, zu Fuß höchstwahrscheinlich, aber sicherheitshalber steht man da, es könnte ja sein, dass sie was aus dem Wagen brauchen. Der Nachmittag wird sich wieder hinziehen, aber für den Kaffee der Fahrer ist gesorgt. Jeder der Sitzungsteilnehmerinnen, die aus dem ganzen Land zusammengekommen sind, wurde vorab die Anlaufstelle für die Fahrer mitgeteilt, auch eine Übernachtung organisiert. Jetzt heißt es nur noch warten, unter den Blicken der Bevölkerung, die sich über die Glanzkarossen im Parkverbot wundert und je nach Seelenlage mit Hochachtung oder Empörung reagiert.

Die Tür des Rathauses geht auf und entlässt eine Gruppe gut gekleideter Menschen ins Freie. Vier Herren und zwei Damen nehmen Kurs auf die wartenden Wagen. Mit der Zuordnung der Politiker zu ihrem Gefährt entsteht sofort ein Bild ihres Bedeutungsgefälles. Der mit dem mächtig ausladenden Silbergrauen muss der Ministerpräsident sein, und der mit dem kompakteren Blauen ist sicher ein Kirchenmann, ein Evangelischer, die sind gehalten, zu viel öffentlichen Prunk zu vermeiden. Und das ist ja diese Dingsda, ihr

Bild war neulich in der Zeitung, die lässt sich sogar im Urlaub mit dem Dienstwagen herumfahren, unerhört, diese Arroganz, wie die mit unserem Geld umgehen.

Was denkst du?

Du kannst nachempfinden, dass die Leute sich aufregen. Von Amts wegen steht dir ein Dienstwagen zu, aber du willst ihn nicht. Du kannst dir nicht vorstellen, mit so einem Wagen zur Sitzung vorgefahren zu werden oder gar morgens ins Büro. Du befürchtest, das könnte dich deformieren. Viel lieber kommst du zu Fuß oder auch mit dem Fahrrad zur Arbeit, wie bisher. Unterwegs tauschst du schon zwei, drei Morgengrüße aus und triffst ein paar alte Bekannte aus deinem früheren Leben. Auf diese Weise sicherst du dir die tägliche Bewegung und sparst das abendliche Fitnessstudio. Wenn es regnet oder eine größere Entfernung zurückzulegen ist, nimmst du ein Taxi, da zahlst du bloß die Fahrt und nicht das Warten des Fahrers. Für lange Strecken nimmst du ohnehin den Zug.

Die Kolleginnen, die über einen Dienstwagen verfügen, reagieren distanziert auf deine Entscheidung. Sie verbuchen sie als Unerfahrenheit und rechnen damit, dass du über kurz oder lang vernünftig wirst.

Eines Tages hast du den Auftrag, den Oberbürgermeister mit einem Grußwort beim Jahresempfang der Handwerkskammer zu vertreten. Die Sonne scheint, du nimmst das Fahrrad. Bald wird dir jedoch klar, dass der Ausschnitt, den dein Bürofenster gewährt hat, nicht der ganze Himmel ist. Von Westen droht es dunkel, im Handumdrehen ist der Wolkenbruch da. Du rettest dich in die Kundenhalle der nahe gelegenen Sparkasse. Das Jackett hat ein paar Tropfen abbekommen, die Haare auch, die Redezettel allerdings liegen sicher und trocken in der Tasche. Jetzt hättest du Gelegenheit, den Text kurz zu überfliegen und vor allem die Namen der Vorstandsmitglieder, die du gleich begrüßen wirst (→ »Das Grußwort«), zu memorieren (dein Namensgedächtnis ist miserabel), aber dazu hast du jetzt nicht den Nerv. Du überlegst, ob du nicht besser ein Taxi rufen solltest, aber auch damit würden kostbare Minuten verloren gehen. Glücklicherweise verzieht sich der Regen schnell, allerdings nicht so schnell, dass er dich nicht in Zeitnot gebracht hätte. Du trittst mit Macht in die Pedale, ignorierst Pfützen ebenso wie rote Ampeln und erreichst dein Ziel mit nur leichter Verspätung. Das Fahrrad hast du verschämt um die Ecke geparkt und stellst dich nun, mit Windstoßfrisur und nach nassem Hund riechend, dem schon seit zehn Minuten wartenden Empfangskomitee. Du gibst dich locker, wenn auch etwas außer Atem, mogelst dich durch die Begrüßung des Vorstands und setzt dich nach einer humorvollen Bemerkung über den Platzregen in die erste Reihe, wo dein Namensschild liegt.

Während der Präsident der Handwerkskammer seine einleitenden Worte spricht, spürst du, wie die Kühle des Fahrtwinds einer langsam aber unerbittlich aufsteigenden Hitze weicht, der Sportlerschweiß staut sich im feuchten Jackett, und als es dann an dir ist, das Podium zu besteigen, tust du dies mit hochrotem Kopf und beschlagener Brille. Während du dich durch deine Rede arbeitest, musst du immer wieder mit dem Taschentuch im Gesicht herumtupfen. Erst nachdem auch der IHK-Präsident und die Umweltreferentin gesprochen haben, fühlst du dich wieder heruntergekühlt und gesellschaftsfähig. Auch die flotten Rhythmen der

Jazzband, die den Festakt beschließen, können dir das Gefühl nicht nehmen, heute deinen Job nicht optimal ausgefüllt zu haben.

Lektion

Die Vorbehalte der Bevölkerung gegen Dienstwagen machen sich an der Kosten- und an der Statusfrage fest, nicht ganz zu Unrecht. Einen eigenen Wagen mit Fahrer zu haben ist nicht nur teuer, sondern symbolisiert auch die herausgehobene Stellung des Amtsinhabers. Ein Dienstwagen schmeichelt dem Ego, vor allem wenn das eigene Modell die Wagen der anderen auf die Plätze verweist. Wo immer man sich aufhält, weiß jeder, wer man ist, und außerdem ist da immer jemand, der wartet und zu Diensten ist. Der Fahrer wartet immer, ohne zu murren, auch dann noch, wenn man noch ein zweites Bier mit der Bezirkstagspräsidentin trinken will, und deren Fahrer wartet auch. Leicht kann die Amtsträgerin so die Alltagsnöte der Bürger aus dem Gesichtsfeld verlieren.

Andererseits – und das sollten alle Dienstwagenkritiker bedenken – ist der Amtsinhaber ein hochbezahlter Mensch, der seine Zeit nicht in Wartehäuschen oder beim Herumsuchen im Stadtplan vergeuden sollte. Es ist keineswegs zielführend, wenn er unterwegs seine Aufmerksamkeit auf das Straßengeschehen richtet, anstatt sich auf die nächste Konferenz vorzubereiten, Telefonate zu erledigen oder sein Grußwort durchzusehen, damit er wenigstens weiß, was man ihm hineingeschrieben hat. Der Dienstwagen ist Kleiderschrank und rollendes Büro. Der Fahrer bereitet die Fahrten vor, weiß immer den besten Weg und sorgt dafür, dass man pünktlich ankommt. Selbstverständlich gehört es zu seinen

Aufgaben, den Wagen innen und außen blitzblank vorzufahren und dafür zu sorgen, dass auch der Amtsinhaber demselben blitzblank und ohne Stress entsteigt.

Es kann also durchaus sein, dass die Steuerzahlerin von einem Amtsinhaber mit Dienstwagen mehr hat als von einem solchen ohne einen solchen.

Du siehst ein, dass du die Sache bislang zu eindimensional betrachtet hast. Was tust du?

○ 1. *Du regst an, dass ein Fahrerpool geschaffen wird, der in dringenden Fällen angefragt werden kann.*

○ 2. *Du lässt dich von der Notwendigkeit eines Dienstwagens überzeugen und schickst nun wie die anderen deinen Fahrer, damit er die Kinder von der Schule abholt und Weihnachtsgeschenke für deine Frau (oder deinen Mann) einkauft.*

○ 3. *Du lädst, wo immer es möglich ist, Bedürftige zum Mitfahren ein, um dein Gewissen zu erleichtern.*

○ 4. *Du beharrst auf der konsequenten Ablehnung des Dienstwagens und nimmst dabei in Kauf, dass du Schirme verlierst und Mäntel nicht mehr findest und verwildert zu Terminen erscheinst.*

DIE FINANZBERATUNGEN

In diesem Jahr sind die Finanzberatungen besonders heikel. Aufgrund der allgemeinen wirtschaftlichen Lage ist bundesweit die Gewerbesteuer empfindlich eingebrochen. Zudem schiebt die Stadt, wenn sie nun den Haushalt des nächsten Jahres aufstellt, die Fehlbeträge vergangener Jahre wie eine Bugwelle vor sich her. Die Presse titelt bereits »Millionenloch im Haushalt!« und »Wie will die Politik all die Löcher stopfen?«, aber die Öffentlichkeit winkt müde ab, schließlich liest sie dergleichen nicht zum ersten Mal. Das Kasperletheater wiederholt sich in schöner Regelmäßigkeit, und jeder weiß, dass Politiker zum Sparen nicht in der Lage sind, es ist ja nicht ihr eigenes Geld, sondern das der Steuerzahlerin. Allmählich dringen erste Sparüberlegungen nach draußen – eine Schließung des maroden Werkstatttheaters wird ebenso angedacht wie Einsparungen beim Personal der Feuerwehr. Auch eine Erhöhung der Grundsteuer zieht man in Erwägung, dafür sollen die Müllgebühren stabil bleiben. Trotz allem gibt es eine stattliche Liste von Investitionen, aber das interessiert niemand.

Der Feuerwehrchef malt im Interview (mit Foto) apokalyptische Szenen an die Wand, für den Fall, dass bei einer Brandkatastrophe die Leute fehlen. Wo es um Menschenleben geht, darf nicht gespart werden! Für die Rathausopposition ist die Erhöhung der Grundsteuer ein gefundenes Fressen. Unsozialer geht es nicht! Diese Erhöhung bekommt jeder zu spüren, auch und gerade der kleine Mann, wenn er seine Miete bezahlen muss. Die Leserbriefspalten füllen sich mit empörten Zuschriften. »Die da oben im Rathaus«, schreibt Frau Murrer aus der Hagebuttenstraße, »sind ein

Haufen Stümper, die jeden Kontakt zum Bürger verloren haben.« Das Schauspielensemble der Städtischen Bühnen hat bereits einen Aktionsplan ausgearbeitet. Vor dem Werkstatttheater werden zu festen Zeiten Szenen aus den großen klassischen Tragödien vorgeführt, um die Menschen wachzurütteln. Freunde des Schauspiels sammeln Unterschriften, um ihren Unwillen zu dokumentieren.

Die nächste Wahl ist nicht weit und eine Unterschriftensammlung eine unangenehme Sache. Deshalb nimmt man Abstand von der Idee, das Werkstatttheater zuzumachen, und auch die Feuerwehr darf ihre Leute behalten. Auf Vorschlag der Oberbürgermeisterin, die sich der Stadt gerne auch noch für eine zweite Amtsperiode zur Verfügung stellen möchte, setzt der Kämmerer die Steuereinnahmen, die er für das kommende Jahr erwartet, um einige Millionen höher an als eigentlich angenommen und kann so einen ausgeglichenen Haushalt vorlegen. Es ist also tatsächlich wie immer: viel Lärm um nichts.

Was denkst du?

Ein solches Vorgehen findest du verwerflich. Der Bürger glaubt, er habe die Politik zum Einlenken gebracht und sie erfülle nun endlich seine Wünsche. Im folgenden Jahr wird er aber für den Schuldenberg büßen müssen. Politiker sollten doch den Mut haben, denkst du, sich hinzustellen und zu sagen, was Sache ist.

Nun stehst du vor deinen ersten Finanzberatungen. Zahlen sind allerdings nicht deine Stärke. In vielen langen Stunden hat dich deine Sachbearbeiterin in die Windungen und Merkwürdigkeiten des kameralistischen Haushaltssystems eingeführt. Während der Verhandlungen musst du nicht nur die richtigen Stellen im Haushaltsentwurf finden, sondern auch deine Anträge gut begründet haben. Vor allem kommt es darauf an, das Spiel zu durchschauen, das hier gespielt wird.

Ziel einer jeden Referentin ist es, in den Beratungen ihre Vorhaben durchzubringen. Nicht am Sparen, sondern an der ständigen Erweiterung ihres Budgets wird ihr Erfolg gemessen. Die eine braucht mehr Mittel für zusätzliches Personal und die unerwartete Kostensteigerung bei der Allach-Brücke, die andere für einen neuen Kindergarten, die Erweiterung des Gymnasiums Mitte und die ständig steigenden Kosten für die Gebäudereinigung im Schulbereich. Der Oberbürgermeister hingegen hat angesichts der desolaten Haushaltslage mehrmals öffentlich seinen eisernen Sparwillen unterstrichen, schließlich trage man Verantwortung auch für die folgenden Jahre. Der Kämmerer setzt eine Miene auf, in der sich Sorge und Strenge auf unüberwindliche Weise paaren. Wenn es den Referenten nicht gelingen sollte, ihre Budgets um fünf Prozent zu kürzen, dann wird er sich zum Eingreifen gezwungen sehen und dort streichen, wo er es für richtig hält. Die Fraktionsvorsitzenden der Regierungskoalition schwören ihre Parteifreundinnen auf gnadenlose Kürzungen ein, da wird auf nichts und niemand Rücksicht genommen. Dann gibt es eben in diesem Jahr keine Überdachung für die Eisfläche in der Weststadt, auch wenn der Verein noch so drängelt. Und wenn gar nichts mehr hilft, fällt halt das Bürgerfest im Sommer aus. Harte Zeiten verlangen harte Maßnahmen. Jeder Einzelne muss sich am Riemen reißen und auf das eine oder andere Projekt verzichten, selbst wenn dies die eigene Klientel vergrätzt. Wenn man es nicht schaffe, sagen die Fraktionsvorsitzenden, einen ausgeglichenen Haushalt herzustellen, dann ergreife die Genehmigungsbehörde das Ruder und dann könne man sowieso alles, was nicht überlebensnotwendig ist, vergessen.

In dir erwacht der Gemeinschaftsgeist mit Macht: Es muss doch zu schaffen sein, wenn alle zusammenhelfen! Dieses Gefühl entsteht nicht ganz ohne Eigennutz, denn du weißt, dein Ressort, die Kultur, gilt als freiwillige Leistung und hat im Notfall die schlechtesten Karten. Dir muss also ganz besonders an einem erfolgreichen Abschluss der Haushaltsberatungen gelegen sein. Die Führerscheinstelle schließt keiner, und seien die Zeiten noch so schlecht, und beim Bauordnungsamt kürzt keiner beim Personal, hier handelt es sich um Pflichtaufgaben der Kommune. Allerdings findest du dein Ressort im Vergleich zu den anderen sehr unbefriedigend ausgestattet und willst das ändern. Es gibt viele in der Stadt, die genau dies von dir erwarten und für Sparvorschläge deinerseits keinerlei Verständnis haben werden.

Im Vorfeld der Beratungen hat die Oppositionsführerin – sie verbindet ein langjähriges gutes Verhältnis zum Leiter des Rechnungsprüfungsamtes, der die Abrechnungen städtischer Ämter zu durchleuchten hat – versucht, dir Ungenauigkeiten bei der Finanzierung einer höchst erfolgreichen Veranstaltung anzuhängen, um deren Glanz und deinen Ruf zu trüben. Stadträte des Koalitionspartners haben per Antrag das Organisationsamt durch zwei deiner größten Einrichtungen geschickt, um alle Stellen und Abläufe auf Effizienz hin zu überprüfen und dich zum Zurückstecken zu zwingen. Sie gönnen dir nichts und beäugen eifersüchtig jede mögliche Mehrung deines Budgets, die dir bei der nächsten Wahl einen Machtvorteil verschaffen könnte.

Am dritten und letzten Tag der Finanzberatungen bist du einigermaßen zufrieden. Du hast zweimal deutlich sichtbar

Opfer gebracht, um deinen guten Willen zu beweisen, dann aber doch deine Anträge, wenn auch mit Abstrichen, durchgebracht. Nach endlosen Verhandlungen fühlst du dich wie eine Schindmähre kurz vor dem Zusammenbruch, erschlagen vom Druck der Zahlen und der Emotionen. Am Nachmittag hat der Kämmerer im Zorn sogar den Sitzungssaal verlassen, eine dramatische Szene, die ihre Wirkung auf die Räte nicht verfehlte.

Nun ist das Haushaltspaket so gut wie geschnürt. Da meldet sich ganz zum Schluss – du hast dich schon über seine Zurückhaltung gewundert – wie beiläufig der Sportreferent. Er brauche nun doch noch sechshunderttausend Euro, weil sich der Boden im Stadion ganz unerwartet gesenkt habe. Wenn nicht gleich etwas geschehe, müsse diese wichtige Sportstätte geschlossen werden. Die Lage habe sich erst in den letzten Tagen zugespitzt, und dass den Sportvereinen die Möglichkeit zum Spielen und Trainieren genommen werde, das werde doch keine der Kolleginnen vor den Leuten draußen vertreten wollen. »Draußen«, das ist die Welt der Bürger und Wähler.

Es liegt auf der Hand, dass dieser Antrag das gesamte Spargebäude wieder ins Wanken bringt, aber alle sind zu erschöpft, um dem noch großen Widerstand entgegenzusetzen. Merkwürdigerweise reagiert der Oberbürgermeister gelassen, er fügt selbst auch noch ein oder zwei Wünsche an, der Kämmerer wird dies irgendwie hinkriegen, und am Ende beschleicht dich das Gefühl, dass andere vielleicht doch schlauer waren als du.

Lektion

Die Entscheidung über die Verteilung der Finanzen ist das älteste und heiligste Recht des Parlaments. Wer über die Erhebung der Steuern und über die Verwendung der Mittel bestimmen darf, der hat großen Einfluss auf die politischen Strategien. In der Politik wird viel geplant, geredet und auch beschlossen, wenn der Tag lang ist, aber was zählt, ist das, was am Ende im Haushalt steht. Deshalb muss in den Finanzberatungen gestritten und gerungen werden, jeder tritt, so gut er kann, für seine Sache ein. Die Dynamik, die sich daraus ergibt, sorgt für sich stetig ausweitende Haushalte.

Wenn aber das Geld knapp ist – und wann ist es das nicht? –, macht sich ein Phänomen bemerkbar, das wir von der Überfischung der Meere kennen. Die Fischbestände sind gemeinsames Eigentum. Doch wenn jeder sich holt, so viel er will, dann erneuern sich die Bestände nicht mehr, und am Ende gehen alle leer aus. Gefordert ist also eine Haltung vorausschauender Selbstbeschränkung im eigenen Interesse. Ärgerlich wird es dann, wenn sich der eine beschränkt, die andere aber nicht. Die Umweltpsychologen nennen das Phänomen Allmendeklemme und empfehlen für diese Situation eine Haltung wehrhafter Solidarität. Das heißt: Sei vernünftig, aber lass dich nicht übers Ohr hauen.

Eine solidarische Haltung bei den Haushaltsberatungen, die das Allgemeininteresse über den Ressortegoismus stellt, fällt auch deshalb besonders schwer, weil sie vom Bürger nicht als Tugend, sondern als Schwäche wahrgenommen wird. Die Übungsleiterinnen der Sportvereine sind verständlicherweise nicht bereit, die erfolgreiche Aufstellung des städtischen Haushalts zu bejubeln, wenn ihre Zuschüsse nicht in der erhofften Weise erhöht werden. Und wie will man den Übungsleiterinnen auch nachweisen, dass die zweihunderttausend Euro für ihr Anliegen den Haushalt sprengen würden, die elf Millionen für den Neubau des Stadtarchivs aber nicht? Die Einschnitte, die eine solide Haushaltspolitik hinterlässt, zeigen sich schmerzhaft und unmittelbar, ihre Früchte dagegen erst im Lauf der Zeit. Wenn man Pech hat, sogar erst nachdem die Wahl verloren ist. Dann fährt der Sieger die Ernte ein.

Du hast nun erste Erfahrungen gemacht und willst sie im nächsten Jahr zu deinem Vorteil nutzen. Was tust du?

○ 1. *Zur Vorbesprechung beim Kämmerer bringst du eine Flasche Wein von der Sorte mit, die er am liebsten trinkt.*

○ 2. *Du versuchst, durchweg mit offenen Karten zu spielen, auch auf die Gefahr hin, dass du dann den Kürzeren ziehst.*

○ 3. *Angesichts der Gemeinheit der Kollegen brichst du in Tränen aus (natürlich nur, wenn du eine Frau bist), in der Hoffnung, dass dies beim Oberbürgermeister Wirkung zeigt.*

○ 4. *Du meldest mehr Vorhaben an, als du durchzubringen hoffen darfst, damit du, wenn es ums Streichen geht, etwas anzubieten hast und die Kolleginnen deinen anderen Vorhaben zustimmen.*

DER BÜRGERWILLE

Schon lange, eigentlich schon seit Jahrzehnten ist die Verkehrsführung am Brauseplatz im Zentrum der Stadt umstritten. Nun hat sich die Situation zugespitzt. Um die Kreuzung leistungsfähiger zu machen, hat die Bauverwaltung eine Tunnellösung vorgeschlagen, die den Autoverkehr in der Nord-Süd-Richtung unter die Erde verlegt. Damit könne nun, so die Argumentation, der restliche Verkehr oberirdisch ungehindert fließen, außerdem gebe es erheblich mehr Raum für die Fußgängerströme vom Bahnhof in Richtung Innenstadt. Bei einem Teil der Bevölkerung, insbesondere natürlich den Autofahrern, erntet die Verwaltung dafür große Zustimmung. Die IHK lobt die Pläne als lange erwarteten Durchbruch, der die wirtschaftliche Entwicklung der Stadt entscheidend voranbringen werde. Der Verband der Einzelhändler denkt beim Autofahrer vor allem an den Kofferraum, den dieser mit den Waren der Mitglieder des Verbands nun bereitwillig füllen wird. Der Präsident des Verbandes gesteht der Stadt zu, sie versuche, endlich gutzumachen, was sie dem motorisierten Kunden in der Vergangenheit mit unzumutbaren Restriktionen angetan habe. Diesen gesellschaftlichen Kräften nahestehende Stadträte nennen die Pläne eine längst überfällige Erleichterung für den Autofahrer und zudem, da sie den Stau verflüssigten, letztendlich eine Maßnahme für den Umweltschutz.

Mit Bekanntgabe der Pläne formiert sich allerdings umgehend Widerstand. Die Stadtplaner appellieren an die Bürgerschaft, sich den Tunnelmund jeweils im Norden und im Süden des Brauseplatzes einmal in seinen Dimensionen vor Augen zu führen: das tiefe Loch, die meterhohen Rampen.

Die Trennwirkung werde verheerend sein. Eine solche Zerstörung des historischen Straßenraums sei nicht hinnehmbar. Die Umweltschützer beklagen die vielen Bäume, die dem Monstertunnel zum Opfer zu fallen drohen. Die Auswirkungen des Projekts auf den CO_2-Ausstoß seien doppelt fatal: Zum einen werde mehr gefahren, zum andern fehle das Grün, um den Ausstoß zu absorbieren. Dies sei das Gegenteil von Klimaschutz. Die Verkehrsinitiativen halten den Tunnel für eine Maßnahme aus der verkehrspolitischen Steinzeit. Heute gelte es, dem öffentlichen Nahverkehr sowie Radfahrern und Fußgängern in den Innenstädten Vorrang einzuräumen.

Die Tunnelgegner schließen sich zusammen und starten ein Bürgerbegehren. Ihre erste Aufgabe besteht darin, mithilfe mehrerer Juristen eine Fragestellung zu konstruieren, die ein Ja zur Antwort hat, obwohl man ein Projekt verhindern will – keine leichte Aufgabe. Die endlich gefundene Formulierung – »Soll die Stadt im Sinne einer nachhaltigen Verkehrspolitik auf einen Tunnel unter dem Brauseplatz verzichten?« – klingt entsprechend kompliziert, so dass man nur noch hoffen kann, die Bürgerin werde sie verstehen. Dann aber kommen die freiwilligen Helfer Tag für Tag bei nasskaltem Wetter in die Fußgängerzone und sammeln Unterschriften. Obwohl von den tunnelbefürwortenden Stadträten als Ideologen gebrandmarkt, stoßen sie bei den Innenstadtbewohnerinnen im Allgemeinen auf Zustimmung. Hier befürchtet man eine deutliche Zunahme des Autoverkehrs. Von den Bewohnern der Außenbezirke erhalten sie weniger Unterstützung. Dort ist man daran interessiert, möglichst schnell in und durch die Stadt zu kommen.

Bald ist die notwendige Zahl an Unterschriften erreicht, das Bürgerbegehren wird für gültig erklärt, die Schlacht um den Bürgerentscheid beginnt. Die Tatsache, dass eine bekannte Baufirma, die der Stadt schon öfter ihren Willen hat aufzwingen wollen (und auch können) hinter den Kulissen Druck zu machen versucht, da sie sich, ihrer Größe und Erfahrung wegen, den Zuschlag bei der Auftragsvergabe erhofft, gibt den Gegnern Rückenwind. Der Verdacht der Kungelei steht im Raum. »Unsere Stadt gehört uns!«, plakatieren die Tunnelgegner. Der eine oder andere Autofahrer merkt, dass er zugleich Fußgänger oder Fahrradfahrer ist und vor allem Bewohner einer schönen Stadt, die nun durch das Tunnelprojekt an einer besonders attraktiven Stelle verschandelt zu werden droht. Kurzum: Der Bürgerentscheid geht knapp, aber eindeutig zugunsten der Tunnelgegner aus. Die Verwaltung nimmt den Bürgerwillen zur Kenntnis und präsentiert einen Plan B, der zwar keinen Tunnel, aber immerhin eine deutliche Verbesserung zur derzeitigen Situation verspricht. Ein Sieg der Vernunft, dem dann am Ende doch noch alle zustimmen können.

Was denkst du?

Bravo! So muss es sein! Der Bürger ist der Souverän und erstreitet sich sein Recht auf Mitsprache gegen eine in ihren Strukturen erstarrte Politik. Die Bürgerin erzwingt die richtige Entscheidung gegen Politiker, die ganz offensichtlich in Abhängigkeiten verstrickt sind, um das einmal höflich auszudrücken, und keineswegs an der Sache orientiert. Dümmer kann man ja gar nicht daherreden als diese Pappnasen!

Du bist begeistert von der demokratischen Lebendigkeit dieses Beispiels und beschließt, Bürgerbeteiligung für dich ganz obenan zu setzen. Wo immer es möglich ist, willst du

Formen der direkten Partizipation nutzen, Runde Tische, Beteiligungsprojekte jeder Art. Die Politik braucht die Mitwirkung und Kompetenz der Bürgerschaft. Du bist überzeugt, dass der Weg aus den gegenwärtigen Krisen ein schwieriger sein wird, mit neuen, auch unbequemen Weichenstellungen. Nur wenn die Menschen die Möglichkeit haben, mitzugestalten, werden sie diesen Weg auch mitgehen.

Mit großen Erwartungen betrittst du den Pfarrsaal Heilig Geist, wo die turnusmäßige Bürgerversammlung stattfindet, die erste, bei der du in deiner Rolle als Mitglied der Stadtregierung oben auf dem Podium sitzt. Die Oberbürgermeisterin gibt eine für deinen Geschmack viel zu lange Einführung, schließlich soll dies der Abend der Bürger sein. Die Anwesenden – besonders viele sind es nicht – werden daraufhin aufgefordert, ihre Fragen auf Zettel zu schreiben, die dann eingesammelt und nach Themen geordnet werden. Anschließend werden die Fragesteller nacheinander ans Mikrofon gebeten.

Die Fragesteller sind fast ausnahmslos Männer (→ »Die Frauen und die Männer«). Einigen ist anzumerken, wie willkommen ihnen die Gelegenheit ist, öffentlich zu reden, vor der versammelten Politik und zu einem Thema, das sie tagtäglich und seit Langem bewegt. Bis auf die Sorge, an der Ecke Katharinenstraße/Lustgarten könnte sich ein Bordell einnisten, und bis auf eine Frage zur Schulwegsicherheit im Umfeld der Paukerschule (von einer Frau aufgeworfen) und die Feststellung, man werde den Neubau einer Moschee hier im Viertel zu verhindern wissen (es ist noch gar kein Antrag eingegangen), beschäftigen sich alle Wortmeldungen ausschließlich mit dem Verkehr, vor allem dem Autoverkehr. Am Bürgermeister-Huber-Platz seien wegen der Erweiterung der Außenbewirtung der Pizzeria Insalata schon wieder zwei der dringend benötigten Parkplätze abgebaut worden. Was sich die Verwaltung dabei gedacht habe. Ähnlich wird beklagt, dass man wegen der Einrichtung einer Bushaltestelle in der Von-Pips-Straße sein Auto so gut wie gar nicht mehr abstellen könne, was zu unerträglich hohem Parkdruck in den angrenzenden Wohnstraßen führe (dort ist auch der Fragesteller zu Hause). Und wem denn in dieser Verwaltung eingefallen sei, an der großen Mittelkreuzung eine Rechtsabbiegespur abzumarkieren. Seitdem gebe es Stau und er, der Fragesteller, brauche jeden Morgen fünf Minuten länger zur Arbeit. Und ob man nicht die Ausfahrt aus dem Maschinenwerk nach Norden verlegen könne, dort seien die vielen LKW-Ausfahrten ja völlig unproblematisch, im Süden dagegen seien die Anwohner wirklich stark beeinträchtigt, von den Gewerbetreibenden ganz zu schweigen. Das Anliegen wird von einer Gruppe im Saal (etwa einem Drittel der Anwesenden) lautstark unterstützt, offenbar einer Initiative, die verlangt, dass diese Forderung auch zum offiziellen Antrag erhoben wird. Da so viele ihrer Mitglieder anwesend sind, kommt sie damit durch. Und zum Schluss schildert einer voller Leidenschaft, wie er jeden Morgen die neue Tangente südwärts fahre und jedes Mal von zwei roten Ampeln aufgehalten werde. Er werde die Stadt wegen Umweltverschmutzung verklagen, weil ihre inkompetente Ampelschaltung daran schuld sei, dass er vermehrt Schadstoffe produziere.

Da du nicht der Baureferent bist, geht keine einzige der Fragen an dich. Während du zuhörst, wächst deine Enttäuschung. Das ist ja armselig. Warum sind so wenige Leute da? Haben die Bürgerinnen denn kein Interesse an einem Gespräch mit der Politik? Und warum befassen sie sich nur mit ihrer engsten Umgebung und nutzen die Gelegenheit nicht, um Fragen von gesamtstädtischem Interesse zu diskutieren?

Welche Richtung soll die Stadtentwicklung in den nächsten zwanzig Jahren nehmen? Wo liegen die Chancen, wo die Schwächen? Große Themen gäbe es zur Genüge! Und dieser Mensch mit seiner roten Ampel! Wenn er durchbrausen darf, müssen andere warten. Ist es denn so schwer zu begreifen, dass, wenn er Rot hat, andere dafür Grün haben, die, hätten sie Rot, weil er Grün hat, sich ebenso ärgern würden wie er.

Am Ende der Veranstaltung, die sich bis Mitternacht hinzieht, bist du ratlos. Du möchtest ja gerne den Bürgerwillen erfüllen, bloß welchen? Hier will ja jeder etwas anderes, und jeder hat nur seinen eigenen Vorteil im Auge. Der Bürger hat gewählt und ist der Souverän und erwartet zu Recht, dass die Politik in seinem Sinne handelt. Aber auf diese Weise kann die Sache nicht funktionieren.

Lektion

Politik, das sind wir alle, weil wir alle Bürger sind. Auch die Politiker sind Bürger. Politik ist die Ebene, auf der wir diskutieren, wie wir leben wollen. Und auch, wie wir nicht leben wollen. Und weil diese Fragen uns alle angehen, sollten wir uns alle an dieser Diskussion beteiligen, damit wir nachher mit dem Ergebnis zufrieden sind. Die Frage ist bloß: Wie soll das gehen? Und hat der Bürger überhaupt Lust dazu? Meist ist er ja frustriert, weil er denkt, die Politik hört nicht auf ihn, sondern macht, was sie will. Würde sie auf den Bürgerwillen hören, wäre alles gut. Hier die Bürger, dort die Politik – so einfach ist es aber nicht.

Eine Stadt ist ein brodelnder Topf unterschiedlicher Interessen, die oft ganz grundsätzlich miteinander in Konflikt stehen. Wer so tut, als könne er alle Wünsche erfüllen – auch wenn die Bürger das erwarten –, ist nicht bürgernah, sondern Populist. Es ist ja oft wie bei der Ampel: Wenn ein Bürger Grün hat, hat der andere Rot. Wer Grün hat, nimmt dies als sein selbstverständliches Recht wahr, wer Rot hat, ärgert sich und fühlt sich drangsaliert. Er ist empört, weil er von der Politik erwartet, dass sie sich für seine Interessen einsetzt. Die Politik kann aber nicht für alle die Ampel gleichzeitig auf Grün schalten. Die Bürgerin erlebt dies als Bürokratie und Bürgerferne. Die Ampel ganz abzuschaffen ist aber auch keine Lösung. Unter dem Chaos würden alle leiden.

Von einem Politiker darf man erwarten, dass er die individuellen Wünsche der Bürgerin mit den Gesamtinteressen der Stadt zur Deckung zu bringen versucht. Die Dinge zusammenzusehen, eine schlüssige Politik zum langfristigen Wohle aller zu entwerfen, ist allerdings nicht einfach, und weil sie sich nicht um alles kümmern kann, sondern auch noch etwas anderes zu tun hat, wählt die Bürgerin Leute, die diese Arbeit für sie machen, Stadträte und Referenten und die Oberbürgermeisterin; Leute, die mehr Zeit dafür aufwenden und auch dafür bezahlt werden. Die haben ihre Verwaltungsfachleute zur Hand und können bei Bedarf auch noch Experten von außen hinzuziehen. Denn da darf man sich nichts vormachen: Schon auf der Ebene der Kommunen sind politische Entscheidungen heutzutage höchst komplex. Selbst Fachleute können ein Projekt wie den Umbau des Brauseplatzes mit allen seinen Verflechtungen kaum mehr überblicken. Da geht es nicht nur um reine Verkehrsfragen, das Thema reicht tief in die wirtschaftliche und gesellschaftliche Entwicklung der Stadt hinein. Und die Stadt ist ihrerseits Teil weltweit wechselwirkender Zusammenhänge. Einfache Antworten gibt es hier nicht (→ »Der Populist«). Schwierige Antworten aber bringen den Bürger auf die Palme, weil er glaubt, er wird schon wieder hintergangen. Manchmal hat er damit Recht, manchmal nicht.

Jeder Apparat, und ganz besonders der politische, neigt dazu, im Lauf der Zeit seinen eigenen Gesetzen zu folgen. Die Politikerin hat den Infostand mit dem Chefsessel im Büro getauscht, von dieser Warte sieht manches anders aus (→ »Die Klientel«). Der Bürger als Souverän, der seine Stellvertreter ja selbst ausgewählt hat, nimmt auf einmal wahr, dass sich die Dinge über seinen Kopf hinweg oder an ihm vorbei entwickeln, in eine Richtung, die vielleicht anderen, nicht aber ihm gefällt. Sein Vertrauen schwindet. Er zweifelt nicht nur an den Politikern, sondern auch an den Experten. Fühlt er sich ohnmächtig, bleibt ihm nur das Nörgeln – oder er startet ein Bürgerbegehren. Ein Bürgerbegehren macht Arbeit und kann schiefgehen, aber immerhin steht der Souverän für einen wichtigen Augenblick wieder im Mittelpunkt des Geschehens und erinnert die Politik daran, woher sie ihre Macht bezieht.

Der ohnmächtige Bürger ist der frustrierte Bürger, dem es die Politik nie recht machen kann. Wenn die Politik den Bürger nicht beteiligt, wird sie ihrerseits zum Sündenbock für alle Konflikte in der Stadtgesellschaft, die sie niemals zur Zufriedenheit aller lösen kann. Deshalb ist es besser, sich bei wichtigen Fragen schon im Vorfeld zusammenzusetzen, in Bürgerwerkstätten, in Planungsgruppen, in Leitbildprozessen. Der Mensch ist zwar auf seinen eigenen Vorteil bedacht, sagt uns die Biologie, aber gleichermaßen fähig und interessiert an der Zusammenarbeit zum allgemeinen Wohl, das ja auch sein eigenes ist. Er ist ein kooperativer Egoist. Wenn man ihn zu entsprechender Mitarbeit einlädt, gewinnt er

Einblick in die Wünsche und Nöte der anderen und erfährt, dass seine Ampel nicht immer grün sein kann, wenn das System als Ganzes funktionieren soll. Es bringt nichts, alles auf die Politik zu schieben. Man muss die Dinge untereinander aushandeln. Der Mensch wird seinen kurzfristigen Nutzen gegen die langfristigen Nachteile abwägen, er wird beeindruckt und fasziniert sein, wie vielschichtig Entscheidungen sind und wie sich doch immer wieder ein Kompromiss finden lässt zur Zufriedenheit aller. Und wenn er Gelegenheit gehabt hat, bei diesem Kompromiss mitzuwirken, wird der Mensch das Gefühl der Ohnmacht abschütteln und mit Vergnügen seinen Teil zur Umsetzung beitragen.

Es gibt noch immer Leute, die glauben, der Normalmensch sei mit solchen Aufgaben überfordert. Aber häufig stellt sich heraus, dass die scheinbar unbedarfte Bürgerin bei Planungsprozessen bessere Wege findet als der durch zu viel Spezialwissen blockierte Experte. Natürlich braucht sie die Hilfe der Fachleute, die ihr sagen, was geht und was nicht. Aber in gut organisierten Bürgerforen formiert sich so etwas wie eine Schwarmintelligenz, die Weisheit derer, die wissen, dass sie sich zu ihrem eigenen Vorteil zusammenraufen müssen. Die Bürgerin weiß nun auch, dass alles nicht so einfach ist, und wie wichtig es ist, dass Politik gut gemacht wird. Weil die Bürgerin Einblick hat, gewinnt sie Vertrauen; weil sie mitgestalten kann, ist sie nicht mehr frustriert; und weil sie das gemeinsame Ziel erkennt, ist sie bereit, auch einmal zurückzustecken. Und die Politik ist erleichtert, weil die Bürgerin ihren Teil der Verantwortung übernimmt. Die Front zwischen Bürgerin und Politik bröckelt. So lässt sich womöglich sogar die Welt retten.

Dir schwirrt der Kopf vor lauter Nachdenken über die komplexe Beziehung von Bürger und Politik. Was tust du?

○ 1. *Aus lauter Angst, du könntest etwas versprechen, das du nicht halten kannst, verhältst du dich abweisend gegenüber Bürgerwünschen.*

○ 2. *Bei scheinbar unlösbaren Konflikten lädst du zur Bürgerwerkstatt ein und nimmst dich damit aus der Schusslinie.*

○ 3. *Du entscheidest nichts mehr, ohne vorher einen Runden Tisch organisiert zu haben.*

○ 4. *Du engagierst eine clevere Werbeagentur, die deine Basta-Politik professionell als bürgernah verkauft.*

DIE FASSADE

Großer Auftrieb im Festsaal des Rathauses. Zur Eröffnung der überregionalen Wirtschaftskonferenz wird die Bundesministerin sprechen. Vorne, zwischen Rednerpult und erster Reihe, herrscht bereits dichtes Gedränge, mittendrin Fotografinnen und Kameraleute. Dort agieren alle, die wichtig sind. Es ist ihre Bühne, wo sie von denen beobachtet werden, die ihre Plätze schon eingenommen haben, weil sie nicht so wichtig sind. Ein Jungpolitiker, der sich bereits in der lokalen Jugendorganisation seiner Partei einen Namen gemacht hat, zeigt sich auch da vorne, weil er noch etwas werden will. Er ist eigens frühzeitig gekommen, tadellos ausgestattet und frisiert, und hat sich, nachdem ihm die Damen am Einlass seinen Platz im hinteren Block auf der Seite zugewiesen haben, nicht dorthin begeben, sondern durch den Mittelgang vorgearbeitet. Dies geschieht Meter für Meter, denn man hat zu grüßen nach rechts und nach links, auch einer Bürgerin, die man gar nicht kennt, die aber direkt am Mittelgang sitzt und so freundlich lächelt, die Hand zu schütteln. Vieles macht der Jungpolitiker schon richtig. Gleichrangigen legt er kameradschaftlich die Hand auf die Schulter – wir werden das Ding schon zusammen schaukeln! –, Leuten, die etwas von ihm wollen, fasst er mit der linken Hand unter den Ellenbogen, stützend, sozusagen. Höherrangigen gibt er artig die Hand mit einem kleinen – nicht zu deutlichen – Neigen des Kopfes. Was der Erfahrene aber kann, nämlich sich für einen Augenblick mit voller Aufmerksamkeit dem Jungen zuwenden, um ihn zu gewinnen, sich dann aber sofort wieder elegant zu lösen, um nicht zu viel Zeit zu verschwenden, das kann der Anfänger noch nicht. Im Gespräch lässt er die

Augen schweifen, ob da nicht jemand ist, der im Moment noch wichtiger wäre, schließlich ist seine Zeit kostbar, und er hat es noch nicht einmal ganz nach vorne geschafft. Sein Gegenüber fühlt sich abgewertet, das ist nicht von Vorteil.

Aber jetzt ist der Jungpolitiker am Ziel, im Inner Circle, wo die Spitzen von Politik, Wirtschaft und Gesellschaft, die nachher in der ersten Reihe Platz nehmen werden, miteinander plaudern. Sie haben sich nicht einfach hingesetzt und warten, bis es losgeht, sondern sie vollführen ihren gewohnten Tanz. Wer sitzt, ist nicht drin. Viele kennen sich und sehen sich ständig. Heute sind zusätzlich Spitzenkräfte aus der Bundespolitik gekommen, man stellt sich einander vor, es wird herzhaft gelacht, alle sind sichtlich entspannt, die Kameras klicken und blitzen, hier geht es um die Bilder. Ernsthafteres Networking findet erst beim Empfang statt. Nur der Aufsichtsratsvorsitzende der Maxima-Bank nimmt eine strenge Dame, die rechte Hand der Ministerin, zur Seite, um kurz etwas unter vier Augen zu besprechen, er muss nach der Veranstaltung gleich wieder weg. Der Jungpolitiker bewegt sich zwischen den Gruppen. Er kann nicht sicher sein, ob er wirklich Teil einer Gesprächsrunde ist, aber er lacht mit, und für die Zuschauer im Saal sieht es so aus, als sei er dabei. Mehr will er vorerst gar nicht erreichen. Dann betritt die Ministerin die Bühne, der innere Kreis formiert sich so eng, dass der Jungpolitiker fürchten muss, als Randfigur erkannt zu werden. Er schlendert also zu seinem Platz im hinteren Block an der Seite, zufrieden mit sich und seinem Auftritt. Es wird schon.

Gegen Ende der Veranstaltung, die natürlich hauptsächlich dazu dient, dass die Ministerin die Verdienste der Bundesregierung um den derzeitigen wirtschaftlichen Aufschwung herausstreichen kann, macht sich der Vorsitzende einer kleinen Stadtratsfraktion im mittleren Block bereit. Er weiß, seine Chance kommt jetzt, beim Eintrag ins Goldene Buch der Stadt. Zu diesem Zweck wird der Ehrengast in den nahe gelegenen Kleinen Saal geleitet, wo der Zeremonienmeister bereits alles vorbereitet hat. Das Goldene Buch liegt aufgeschlagen auf seinem Pult, daneben – in diskreter Größe – die bundesdeutsche Fahne und die Farben der Stadt, Blumenschmuck und natürlich ein Füllfederhalter, der der Situation angemessen ist. Auf einem Beistelltisch liegt das Gastgeschenk für die Ministerin.

Jetzt ist es so weit. Die letzten Akkorde des Haydn-Quartetts sind verklungen, der Applaus verrauscht, die ersten Gäste erheben sich von ihren Plätzen. So auch der Fraktionsvorsitzende. Dieses Mal wird, dieses Mal muss er vorne mit dabei sein. Er drückt sich mit sanfter Energie durch seine Reihe und quer durch den Raum zum Seitenausgang und kann gerade noch rechtzeitig in den Kleinen Saal huschen, bevor die Ministerin mit ihrer Entourage, von der Oberbürgermeisterin und einem Pressepulk begleitet, eintrifft. Der Eintrag ins Goldene Buch findet in kleinem Kreis statt. Nur wenige sind zugelassen, einige Auserwählte, die Abgeordneten, die Fraktionsvorsitzenden. Die Oberbürgermeisterin stellt nun alle der Ministerin vor, auch den Vorsitzenden der kleinen Fraktion, mit reizendem Lächeln, obwohl sie ihn nicht ausstehen kann und schon mehrmals im Stadtrat zur Schnecke gemacht hat. Dann gibt sie ihren Fünf-Minuten-Abriss über die Stadt damals und heute zum Besten, den sie alle schon hundertmal gehört haben, nun aber im Angesicht der Ministerin mit höchst interessierten Mienen in sich aufnehmen. Dann spricht die Ministerin noch ein paar Worte, und als sie zum Schluss kommt, beginnt eine kaum merkliche Verschiebung im Raum: Einzelne Personen bewegen sich seitwärts wie an Fäden gezogen, den Blick nach wie vor, als ob nichts wäre, gebannt auf die Sprechende gerichtet, auch der Fraktionsvorsitzende schiebt sich Richtung Pult, doch als die Ministerin endlich Platz nimmt, da hat er es wieder nicht geschafft. Zwei andere stehen hinter dem holzgeschnitzten Stuhl und sehen voller Ehrfurcht zu, wie die Ministerin den Füllfederhalter von der Oberbürgermeisterin in Empfang nimmt und ihren Namen hineinschreibt in das Goldene Buch der Stadt. Das ist der Augenblick der Fotografen, das ist das Bild, das morgen in der Zeitung erscheinen wird. Und er ist wieder nicht drauf! Aber dieser Kerl, der seit dreißig Jahren Landtagsabgeordneter ist und nichts zuwege bringt, der drängt sich auf jedes Foto, egal wo, dieses Schwein, immer dieses grinsende Gesicht, er könnte ihn umbringen, die Leute denken, ohne den geht nichts, und wählen ihn immer wieder, und haben keine Ahnung, was der für eine Niete ist, während er als Fraktionsvorsitzender sich die Haxen ausreißt und Antrag um Antrag schreibt und eine Pressemitteilung nach der anderen. Aber die Zeitung bringt nichts, und ab und zu ein Interview im Lokalfernsehen macht das Kraut auch nicht fett. Er möchte aufstampfen in ohnmächtigem Zorn, aber das tut er nicht, er trägt weiterhin ein Lächeln auf dem Gesicht, die Kameras sind noch nicht abgeschaltet, und als die kleine Zeremonie zu Ende ist, verabschiedet er sich freundlich, nicht nur von der Oberbürgermeisterin, sondern auch von dem Landtagsabgeordneten, der sich schon auf die morgige Ausgabe der Zeitung freut.

Was denkst du?

Dir kommt eine Zeile aus Shakespeares Hamlet in den Sinn: »Dass einer lächeln kann und immer lächeln und doch ein Schurke sein.« Was für eine verlogene Welt. Da hat König Claudius gerade Hamlets Vater umgebracht und seine Mutter geheiratet und reicht ihm nun in staatsmännischer Geste die Hand: Lass uns weiterarbeiten zum Wohle des Staates. So etwas bringst du nicht fertig. Ein guter Schauspieler (oder eine Schauspielerin) bist du noch nie gewesen und willst es auch nicht werden. Du würdest den Leuten am liebsten immer ins Gesicht sagen, was du von ihnen hältst.

Erst kürzlich hast du der Chefin des Bildungswerkes klargemacht, dass du ihren Programmansatz für wenig zukunftsträchtig hältst, und bei der letzten Premiere im Varietépalast ist es dir nicht gelungen, vor dem Geschäftsführer zu verbergen, dass dich die Operette nur mäßig beeindruckt hat. Das konnte auch sonst jeder mitkriegen, warum auch nicht. Du hast zwei Mal gegähnt während der Aufführung. Man darf doch eine Meinung haben. Dem Ordnungsreferenten übrigens, der dir kürzlich im Stadtrat so heimtückisch in den Rücken gefallen ist, dem wirst du vorerst nicht mehr die Hand geben.

Drei Wochen nach deinem Gespräch mit der Chefin des Bildungswerkes wird dir um drei Ecken zugetragen, dass diese – offenbar tief gekränkt – nun im Bildungswerk, aber auch darüber hinaus (und sie hat viele Kontakte!) Stimmung gegen dich macht, in grotesker Überzeichnung deiner Äußerung. Du habest gedroht, ihr die Zuschüsse zu kürzen, wenn nicht gar ihre Demission zu betreiben. Vor dir müsse man sich in acht nehmen. Beim nächsten Zusammentreffen begegnet sie dir mit ausgesuchter Höflichkeit, aber du weißt, du hast dir eine unversöhnliche Feindin geschaffen. Ebenso finden deine leicht abfälligen Worte über die letzte Operettenpremiere ihren Weg zurück zu dir, auch sie ins Ungeheuerliche aufgebläht. Die Primadonna habe zu tief gesungen, habest du gesagt, und das ganze Ensemble tauge nichts. Die Primadonna sei deinetwegen drei Tage ohne Stimme gewesen.

Du merkst, du hast deinen Job noch nicht begriffen. Beim nächsten Festakt im Rathaus (der siegreiche Fußballverein wird geehrt) nutzt du die Gelegenheit und sprichst den Kollegen Ordnungsreferenten an, um einen Termin zu vereinbaren. Du kannst den Typ zwar nicht leiden, aber du brauchst ihn und musst ihn für die Sondergenehmigung für das Kindermitmachprojekt auf dem Hans-Dampf-Platz gewinnen. Als die Fotografen kommen, weil sie euch beide und noch zwei andere zusammen auf einem Bild haben wollen, posierst du und machst locker Scherze, während der Saal zuschaut, und du lachst, damit du auf dem Bild ansprechend erscheinst. Auf die Frage nach deinem Lieblingsfußballer weißt du einen Namen zu nennen, obwohl du keine Ahnung hast, aber du hast dich auf diesen Abend vorbereitet.

Du bist dabei, eine professionelle Fassade aufzubauen. Betroffen schaust du dir an, was du in deinem ersten Jahr gesagt und geschrieben hast. Deine Sprache hat sich verändert. Du erschrickst. Niemals hättest du dir vorstellen können, dass du je so staatstragend daherreden kannst (→»Die Beschlussvorlage«).

Lektion

Ohne professionelle Fassade kommen Politiker nicht aus. Man stelle sich vor, ihre Gesichter würden immer ungeschminkt spiegeln, was sich dahinter abspielt – Neid und Schadenfreude, Angst und Triumph, Panik, Wut, Unsicherheit und hinterfotzige Gerissenheit. Nicht auszudenken. Wir brauchen eben eine formalisierte Ebene des Umgangs (→ »Die Referentenwahl«), in der Politik vielleicht noch mehr als in anderen Bereichen, da der Streit in ihrem Wesen liegt. Die Auseinandersetzung, das Kreuzen der Klingen, der Angriff auf den politischen Gegner gehören zum öffentlichen Auftrag (→ »Die Stadtratssitzung«). Trotzdem muss diplomatischer Umgang und Kooperation im Sinne der Sache möglich sein. Erfolg hat, wer im Haifischbecken der Interessen Menschen zu gemeinsamer Arbeit zusammenführen kann.

Auch dem Kampf um die Gunst der Wähler muss sich die Politikerin stellen, ob es ihr gefällt oder nicht. Wenn sie nicht dafür sorgt, dass ihre Leistung der Öffentlichkeit bekannt wird, hat sie ein Problem. Wenn sie es nicht macht, macht es keiner, die Medien nicht und schon gar nicht der politische Gegner. Leider geht genau diese Nummer – die sich selbst lobende Politikerin – der Öffentlichkeit besonders auf den Geist und reduziert die beabsichtigte Wirkung beträchtlich. Dieselbe Öffentlichkeit fällt allerdings auch rasch das Urteil: Die tut ja nichts! Von der hört man ja nichts! Wo ist die denn überhaupt?

Und dann muss sich die Politikerin um ihr Bild in der Öffentlichkeit kümmern und dafür sorgen, dass es ein gutes ist. Mit einem schlecht gemachten Foto auf dem Wahlplakat ist keinem gedient, schließlich ist die ganze Stadt dazu verdammt, dieses wochenlang anzuschauen, und was hilft es ihr, wenn sie das zwiespältige Kompliment bekommt, in Wirklichkeit sei sie schöner.

Was der Pinsel für den Maler und der Bohrer für den Zahnarzt ist die Sprache für den Politiker. Er muss damit umgehen können. Seine Botschaft muss das Publikum erreichen, sonst ist sie wirkungslos, und er muss bereit sein, diese Botschaft zu wiederholen, und zwar mit gleichbleibender Begeisterung, bis sie ihm zu den Ohren herauskommt.

Dass jedes Wort, auch aus privaten Gesprächen, in die Gerüchteküche eingespeist und möglicherweise sehr unappetitlich verkocht wieder herausgespült wird, gehört zu seinen Arbeitsbedingungen. Je weniger der Politiker dort hineingibt, desto besser. Schon seine Gesichtszüge sind eine politische Aussage. Deswegen findet man in der Politik so häufig das sogenannte Sphinxgesicht oder auch Pokerface. Glücklich ist, wer trotzdem noch Leute kennt, mit denen er offen reden kann.

Du hast Angst, dich zu verbiegen. Was tust du?

○ 1. *Du trainierst dein Pokerface jeden Tag zehn Minuten vor dem Spiegel.*

○ 2. *Du bittest einen Freund, dir immer ehrlich zu sagen, was er von deinen Aktivitäten hält.*

○ 3. *Du nimmst dir vor, die Gerüchteküche grundsätzlich zu ignorieren.*

○ 4. *Du gehst öfter einmal zum Friseur.*

DIE WIRTSCHAFT

Im Herzen der Altstadt wird ein großes Areal frei. Ein alteingesessener Verlag wurde an einen Konzern verkauft, der nun die auf dem Gelände verstreut liegenden Funktionen von der Druckerei über die Verwaltung bis zur Auslieferung in einem Neubau zusammenfassen möchte. Der neue Gebäudekomplex soll auch der zu erwartenden Expansion des Unternehmens gerecht werden. Der Konzern will also die Enge der Altstadt verlassen und sucht ein weitläufigeres Gelände in den Außenbezirken.

Für die Stadt sind diese Pläne eine große Chance, in zweierlei Hinsicht: Zum einen kann sie ein florierendes und zudem überregional verflochtenes Unternehmen am Ort halten, das sichert Arbeitsplätze, Gewerbesteuer und Renommee. Wer weiß, vielleicht wird die Stadt in nicht allzu ferner Zukunft noch einmal Firmensitz des Konzerns. Zum andern eröffnet sich die Möglichkeit, in der Altstadt dringend benötigten neuen Wohnraum zu schaffen und damit die von Verödung bedrohte Innenstadt nachhaltig zu beleben.

In der Stadt entbrennt eine lebhafte Diskussion. Die Architektenschaft fordert einen Wettbewerb, der eine dem kostbaren historischen Areal entsprechende qualitätvolle Bebauung hervorbringen soll. Es gehe darum, Alt und Neu in fruchtbarer Spannung zusammenzuführen. Karten mit Grundrissen und Wegebeziehungen aus dem 18. Jahrhundert werden herumgereicht, ebenso Beispiele von visionärer Architektur in historischer Substanz.

Rasch bildet sich eine Bürgerinitiative, die das neue Viertel als ein ökologisches Vorzeigeobjekt gestaltet haben möchte. Autofreies Wohnen für junge Familien im Herzen der Stadt, energetisch auf neuestem Stand optimiert, ein Pilotprojekt für nachhaltigen Städtebau mit überregionaler Ausstrahlung. An langen Abenden werden Anforderungskataloge verfasst und sowohl der Stadtverwaltung als auch dem Konzernchef zugesandt. Die Presse erhält mehrere Mitteilungen. Plakate werden geklebt, die zu Informationsveranstaltungen einladen. Die Bauverwaltung verhält sich allerdings merkwürdig zugeknöpft.

Und dann kommt alles doch ganz anders. Der Verlag baut tatsächlich ein neues Gebäude in der Nähe der Autobahn, allerdings kleiner als erwartet. Die Kosten für die Erschließungsstraße übernimmt die Stadt. Das frei gewordene Innenstadtgelände wird vom Hausarchitekten des Konzerns überplant nach dem Gesichtspunkt der größtmöglichen Verwertbarkeit, mit Geschosswohnungsbau der derzeit besonders marktgängigen Sorte. Der Stadtrat stimmt den Planungen mit großer Mehrheit zu, zum Entsetzen der Bürgerinitiative. Die Hoffnungen des Konzerns auf eine rentable Verwertung des Areals erfüllen sich jedoch nicht. Die zu dicht gebauten Wohnungen sind schwer verkäuflich. In der Zwischenzeit hat der Konzern aufgrund einer Fusion seine Strategie geändert und die Produktion in den Osten der Republik verlagert. Das Gebäude an der Autobahn steht leer.

Was denkst du?

Das kommt davon. So kann es gehen, wenn die Stadt das Heft aus der Hand gibt und vor Einzelinteressen katzbuckelt. Das machst du aus Prinzip nicht.

Als ein großes Unternehmen am Ort für die Erweiterung seiner Produktion ein Gelände überbauen will, das unter

Landschaftsschutz steht, weißt du, was du zu tun hast. Es geht hier um wertvollen Baumbestand, in dem seltene Vogelarten nisten, über deren Namen du dich informieren lässt. So ist auf der Grünfläche zum Beispiel die Dorngrasmücke anzutreffen sowie das Kleine Ochsenauge, ein vom Aussterben bedrohter Falter, der nur noch auf dem dortigen Magerrasen gedeiht. Was die Flora betrifft, so fällt an dieser Stelle vor allem das äußerst seltene Kriechende Gipskraut ins Auge. Im Übrigen handelt es sich bei dem Gebiet um eine unverzichtbare Frischluftschneise für die östlichen Stadtteile, die ohnehin nicht mit Grün gesegnet sind.

In der Referentenrunde machst du deinen Standpunkt klar. Auch wenn das Gelände dem Unternehmen gehöre, so sei das Vorhaben doch ohne Wenn und Aber abzulehnen.

Die Kollegen runzeln die Stirn angesichts deiner Naivität. Der Wirtschaftsreferent weist darauf hin, dass es sich um ein alteingesessenes Unternehmen handele, das – was heutzutage eine Seltenheit sei – noch eine emotionale Bindung zu seiner Heimatstadt pflege. Die Kulturreferentin, die mit dem Unternehmen eine sehr befriedigende Sponsorenbeziehung aufgebaut hat, verdreht die Augen. Die Baureferentin ist sich sicher, dass sie das Problem über ökologische Ausgleichsflächen und einen straff ausgehandelten städtebaulichen Vertrag lösen kann. Der Kämmerer macht dir klar, dass man hier über einen der größten Gewerbesteuerzahler auf städtischer Flur rede, und rechnet dir vor, welche Steigerung der Einnahmen von einer Erweiterung zu erwarten sei. Die Sozialreferentin betont, dass sie jeden Cent dieser Einnahmensteigerung für die Haushaltsposten Jugendhilfe und Grundsicherung benötige; vom Kleinen Ochsenauge könnten die Kinder in den Problemvierteln nicht leben. Und der Oberbürgermeister, der natürlich den tiefsten Einblick hat, berichtet mit der Bitte um strengste Diskretion von einem Gespräch mit dem Vorstandsvorsitzenden des Unternehmens, in dem er, der Oberbürgermeister, selbstverständlich auf das gesamtstädtische Interesse an Grün und frischer Luft hingewiesen habe. Der Vorstandsvorsitzende habe ihm im Gegenzug dargelegt, dass das Gemeinwohl, insbesondere was Arbeitsplätze betreffe, stark in Mitleidenschaft gezogen würde, sollten hier unnötige bürokratische Hürden aufgebaut werden, die den Gedanken an eine Verlagerung des Betriebes nahelegen könnten, in die Nachbargemeinde zum Beispiel, einen kleinen Ort mit wenig klingendem Namen, aber immerhin wisse man dort noch, was man an einem Unternehmen habe und lege einer Ansiedlung keine Steine in den Weg. Der Vorstand erwäge auch, sich notfalls völlig aus der Region zu verabschieden. Auch seien längst, fügt der Oberbürgermeister hinzu, leitende Mitarbeiter des Unternehmens unterwegs, um ihre Folterwerkzeuge vor maßgeblichen Stadträtinnen auszubreiten und sie davon zu überzeugen, dass das Interesse seines Unternehmens nichts anderes sei als das Interesse der gesamten Stadt.

Aber es müsse doch möglich sein, sagst du, dem Vorstand nahezulegen, dass es auch für sein Unternehmen nur von Vorteil sein könne, wenn es Teil eines qualitätsbewussten städtischen Planungsprozesses sei. Wirtschaft und Umwelt könnten elegant versöhnt werden, ein Imagefaktor ersten Ranges. Schlechte Stadtplanung schade auf lange Sicht auch den Unternehmen. Eine Weile wird noch über die Möglichkeit eines Grundstückstausches oder anderer Kompromisse diskutiert, aber am Ende der Sitzung hast du nicht den Eindruck, dass du die Kollegen auf deiner Seite hast.

Kurze Zeit später erledigt sich das Problem von selbst, da sich die Auftragslage des Unternehmens aufgrund globaler

Verwerfungen plötzlich verschlechtert hat und eine Erweiterung zumindest für den Augenblick nicht mehr zur Debatte steht.

Lektion

Das Verhältnis von Wirtschaft und Politik ist nicht immer ungetrübt. Die Wirtschaft verachtet im Allgemeinen die Politik. Sie selbst, so die Wirtschaft, trägt das unternehmerische Risiko, sie ist gestählt im Marktgeschehen, während der Politiker, pensionsberechtigt und in seine Bürokratie verstrickt, den Hintern nicht hochkriegt. Wenn man in der Politik einmal so gründlich aufräumen könnte wie im eigenen Laden, klare Strukturen schaffen von oben nach unten, damit jeder weiß, was er zu tun hat und wer der Chef ist, dann sähe die Welt ganz anders aus. Die Wirtschaft bedauert zutiefst, dass sie jedes Jahr ihre Gewerbesteuer der Politik in den ebenso unfähigen wie unersättlichen Rachen werfen muss, und findet, die Politik habe in der Wirtschaft nichts zu suchen. Für sie ist ein Politiker vor allem dann brauchbar, wenn er tut, was sie sagt.

Der Politiker seinerseits hat ein ambivalentes Verhältnis zur Wirtschaft. Er ist beeindruckt von der Macht des Geldes, vom Glanz, den die Unternehmen entfalten, vom Erfolg, von ihrer Weltläufigkeit, vom Hauch des Globalen. Von den Power-Point-Präsentationen, die unsere undurchdringlich chaotische Welt so wunderbar in knappen klaren Sätzen und Diagrammen einfangen. Die eine oder andere Unternehmerin entwickelt als Gesprächspartnerin deutlich mehr Faszination als die Damen und Herren auf den Sitzbänken des Stadtrats. Der Politiker weiß auch, es ist seine Aufgabe, dafür zu sorgen, dass die Wirtschaft gute Bedingungen vorfindet. Sie bringt die Investitionen und die Arbeitsplätze in die Stadt, er braucht ihre Steuern und ihr Mäzenatentum. Der Erfolg des Politikers misst sich an seiner Fähigkeit, Unternehmen in die Stadt zu holen oder in der Stadt zu halten. Er weiß aber auch, oder sollte es wissen, dass er sich von diesen nicht abhängig machen darf wie Karl V. von den Fuggern (→ »Der Sponsor«).

Wenn Verwaltung und Wirtschaft aufeinandertreffen, entsteht zwangsläufig Reibung, aber auch Erkenntnis. Die andere Perspektive, die Erfahrungswelt der Wirtschaft kann durchaus zur Erleuchtung städtischer Schreibtische beitragen. Umgekehrt erhalten Unternehmer Einblick in die ebenso langwierigen wie notwendigen Prozesse der demokratischen Entscheidungsfindung.

Schön ist die Vorstellung von der Stadt als Organismus, wo alle aufeinander angewiesen sind, die Politik, die Bürgerschaft, die Wirtschaft, einer braucht den anderen, und wenn alles gut zusammenspielt, hat jeder etwas davon. Damit dies gelingt, brauchen wir die Ebene der Politik, auf der wir diskutieren, wie wir leben wollen (→ »Der Bürgerwille«); was uns wichtig ist, welche Akzente wir setzen, wie wir für ein gutes Leben unserer Kinder vorsorgen wollen. Die Debatte über diese Fragen, die in allen Teilen der Stadtgesellschaft geführt wird, mündet ein in die Gremien des Rates, der diese Stadtgesellschaft vertritt. Und wenn hier nun entschieden wird, dass wir bestimmte Umweltstandards haben wollen oder gewisse Qualitätsmerkmale in diesem oder jenem Bebauungsplan, dann ist es durchaus ratsam für die Wirtschaft, dies zu verstehen und zu akzeptieren, da es ja dem Wohl des Ganzen dient und damit letztendlich auch dem Unternehmer selbst.

Damit diesen das Geld nicht reut, das er der Politik überlassen muss, sollte er es zu schätzen wissen, wenn er gelegentlich Politikerinnen begegnet, die sich nicht so leicht von ihnen beeindrucken lassen. Er selbst müsste doch ein Interesse daran haben, dass dort, wo sein versenktes Geld anlandet, Persönlichkeiten sitzen, die auf der Suche nach der besten Lösung stark genug sind, auch seinem Druck zu widerstehen, wenn sein Vorhaben dem Wohl des Ganzen widerspricht.

Du stellst erneut fest, dass die Dinge komplizierter sind als ursprünglich gedacht. Was tust du?

○ 1. *Du erläuterst Vertretern der Wirtschaft, wo immer du sie antriffst, deine Vorstellungen von der Stadt als Organismus.*

○ 2. *Du wendest dich an die Öffentlichkeit, um ihr das Dilemma zu erklären.*

○ 3. *Du schickst eine Mitarbeiterin zur Fortbildung, damit du auch so schöne Power-Point-Präsentationen vorführen kannst wie die Leute aus der Wirtschaft.*

○ 4. *Du legst Wert auf regelmäßige Kontakte zu den Vertretern der Wirtschaft, um eventuelle Probleme schon im Vorfeld ansprechen zu können.*

DIE MEDIEN

Die Oberbürgermeisterin ruft zur turnusmäßigen Pressekonferenz vor der Stadtratssitzung. Im Besprechungszimmer hat ihr Presseamt alles vorbereitet. Auf dem Tisch sind Kaffee, Apfelsaft und stilles Wasser für die wartenden Journalisten hergerichtet, dazu Butterbrezeln. Die Pressetexte, die nach der Konferenz verteilt werden sollen, liegen auf einem Tischchen bereit. Am Morgen ist im engsten Kreis noch an Perspektiven und Gewichtungen gefeilt worden, zu den einzelnen Punkten wurden Statements formuliert. Es kommt ja alles darauf an, wie man die Dinge präsentiert.

Mit leichter Verspätung betritt die Oberbürgermeisterin den Raum, begrüßt die anwesenden Vertreter der Presse einzeln mit Namen und Handschlag, auch den Kameramann des Lokalfernsehens, der sein Objektiv bereits auf den Chefsessel an der Spitze des Tisches ausgerichtet hat, sowie die Praktikantinnen der Privatradios, in deren Taschen die Zettel knistern mit den Fragen, die sie auf Geheiß der Sendeleitung anschließend der Oberbürgermeisterin zu stellen haben. Diese nimmt nun Platz und vermittelt mit ihren einleitenden Scherzworten den Eindruck, dass sie die Situation gelassen, ihre Zuhörer aber ernst nimmt. In aufgeräumter Stimmung und bestens präpariert trägt sie sodann die einzelnen Punkte vor. Sie freue sich, mitteilen zu können, sagt sie, dass mit dem Beschluss, der heute mit an Sicherheit grenzender Wahrscheinlichkeit einstimmig gefasst werde, endlich das große Schulsanierungsprogramm auf den Weg gebracht werden könne, welches die Vorgängerregierung jahrelang vor sich hergeschoben habe. Die Bildung unserer Kinder sei eine der vordringlichsten Aufgaben unserer Zeit, und die Stadt als Sachaufwandsträger wolle alles in ihren Kräften Stehende tun, um den Kindern den geeigneten äußeren Rahmen hierfür zu schaffen. Für die Messe sodann, die sich nach einigen Turbulenzen nun auf einem erfolgreichen Weg befinde, wofür sie sehr dankbar sei, für die Messe also gehe es heute im Stadtrat um die Besetzung der Leitungsfunktion. Man könne nach einem ebenso sorgfältigen wie transparenten Auswahlverfahren nun einen hervorragenden Personalvorschlag machen, der auch ohne Zweifel den Rat passieren werde. Und als drittes wesentliches Thema, das sie aus der Fülle der Tagesordnungspunkte herausgreifen wolle, nennt sie den Aufstellungsbeschluss für eine neue Verbindungsstraße im Osten der Stadt, die den Bewohnern der südlich angrenzenden Viertel erhebliche Verkehrsentlastung bringen werde.

Die Oberbürgermeisterin hat über eine halbe Stunde faktenreich und souverän dargelegt, was Sache ist. Sie hat Schlüsselwendungen eingestreut, wie das Versäumnis der Vorgängerregierung, das Ende der Messeturbulenzen oder das transparente Auswahlverfahren, die auch für den schreibfaulsten Journalisten Anlass sein sollten, den Stift zu zücken. Es gibt einige Nachfragen aus der Runde, zu Zahlen und Zeitplänen und wie denn die Haltung der Fraktionen zu der Verbindungsstraße sei. Die Fraktion C werde mit Sicherheit dagegen stimmen, erwidert die Oberbürgermeisterin, das sei ja nicht anders zu erwarten, aber die breite Mehrheit des Stadtrates trage ihren Vorschlag mit.

Nun werden die Pressetexte ausgegeben, das Lokalfernsehen bittet die Oberbürgermeisterin noch um einen kurzen O-Ton vor der repräsentativen Stadtansicht an der Wand. Die Praktikantinnen der Privatradios stellen ihre Aufnahmegeräte an und erfüllen schüchtern ihre Pflicht, dann ist die Pressekonferenz beendet. Der Pressechef ist sehr erleichtert und klopft sich für seine eigene clevere Vorarbeit innerlich auf die Schulter. Dass die Zuschüsse der Staatsregierung zum Schulsanierungsprogramm mehr als wackelig sind, weil man sich zu spät darum gekümmert hat, das ist nicht zur Sprache gekommen. Auch der Widerstand einiger Ratsmitglieder gegen den Personalvorschlag Messe konnte unter der Decke gehalten werden. Und die Tatsache, dass die neue Straße ein Landschaftsschutzgebiet berührt, wird man, da ist er sicher, auf kleiner Flamme halten können, dabei helfen ihm seine guten Kontakte zur Lokalzeitung, die mag die Fraktion C ohnehin nicht. Die Leiterin der Lokalredaktion lädt er ab und zu zum Essen ein, und mit wesentlichen Journalisten unterschiedlicher Medien hat er ein altbewährtes Biergartenverhältnis.

Was denkst du?

Das ist ja nun auch sehr ernüchternd. Wie hier drübergemogelt und alles hingedreht und schöngeredet wird! Auch die Medien machen eine schwache Figur. Die einen überreißen nicht, was gespielt wird. Die anderen blicken zwar durch, haben aber offenbar überhaupt kein Interesse, sich mit der Stadtregierung anzulegen, und fragen nicht nach.

Du erinnerst dich an die Aufsätze deiner Schulzeit: die Presse als kontrollierende Kraft, als Stützpfeiler der Demokratie, scharfsichtig und unbestechlich, als vierte Gewalt im Staat. Die Freiheit der Presse als hohes, zum Wohle der Gesellschaft vom Grundgesetz geschütztes Gut. Und so hast du dir das immer vorgestellt: Die aktuellen Prozesse laufen auf der politischen Bühne ab, die Presse ihrerseits beobachtet und berichtet vollständig und objektiv, was geschieht. Und die Leserin weiß dann, was Sache ist, versteht Hintergründe, erkennt Zusammenhänge und kann sich von den Vorgängen ein umfassendes Bild machen. Und nun das! Ein undurchsichtiges Beziehungsgeflecht, verheddert in Machtstrukturen; Akteure und Beobachter sind voneinander abhängig. Da spielst du nicht mit. Du brauchst klare Verhältnisse. Und als dich ein Journalist beiläufig fragt, ob du im Kopf hättest, wer in der letzten nichtöffentlichen Sitzung gegen den Geschäftsüberlassungsvertrag Zoo GmbH gestimmt habe, antwortest du, die nichtöffentliche Sitzung werde so genannt, weil sie nichtöffentlich sei.

Wenig später hast du die undankbare Aufgabe, die Abholzung einer Allee vorantreiben zu müssen. Deine Partei hat sich seit Jahren mit aller Kraft für den Erhalt von Grün in der Stadt stark gemacht. In diesem Fall handelt es sich allerdings um eine Birkenallee auf einem aufgelassenen Industrieareal, das nun entwickelt werden soll. Die Bäume selbst sind zum großen Teil überaltert. Der Weg, den sie säumen, führt nirgendwo mehr hin und soll einer Wohnbebauung weichen. Nicht nur die Stadtplanerinnen, sondern auch der Leiter des Grünamts haben dir in leuchtenden Farben geschildert, wie die Neuordnung des Geländes die Chance eröffne, bislang versprengte Grünflächen zusammenzulegen und zu einem richtigen Park mit Spielplatz zu erweitern, der auch die Funktion eines Treffpunkts im neu entstehenden Wohngebiet erfüllen könne. Der Flächennutzungsplan werde in seiner neuen Fassung deutlich mehr Grün als vorher ausweisen, wann erlebe man das schon einmal. Zahlreiche neue Bäume würden die schütteren Birken mehr als ersetzen. Die grünpflegerische Vernunft, gerade im Sinne einer nachhaltigen Vorsorge für die kommenden Generationen, spreche eindeutig für diese Lösung. Mit Widerstand sei wohl nicht zu rechnen, da dort ohnehin kaum ein Mensch vorbeikomme.

Obwohl es dir leid tut um die alte Allee, lässt du dich überzeugen, beschließt aber, von Anfang an mit offenen Karten zu spielen. In der nächsten Stadtratssitzung gibst du einen vorläufigen Bericht, in dem du die einzelnen Schritte der Entwicklungsmaßnahme darstellst und auch deutlich machst, dass dafür die Birkenallee weichen muss. Es geht dir darum, eine möglichst differenzierte Grundlage für eine künftige Entscheidung zu liefern. Der Bericht wird zunächst mit Verständnis aufgenommen, der Sinn der Maßnahme erschließt sich auf den ersten Blick. Dann aber meldet sich ein Stadtrat zu Wort, ein notorischer Populist (→ »Der Populist«), der in der Angelegenheit sofort den Stoff für einen großen Auftritt wittert – Bäume sind ein hoch emotionales und jederzeit aktivierbares Thema – und Widerstand ankündigt. Auf einmal wird dir siedend heiß bewusst, dass du, auch wenn es heute noch gar nicht um eine Beschlussfassung geht, doch etwas intensiver hättest vorarbeiten müssen, mit den anderen Fraktionen sprechen, die Presse einbeziehen usw. Als du am nächsten Morgen die Zeitung aufschlägst, traust du deinen Augen nicht. »Brutaler Eingriff in historisches Stadtgrün – Naturschützer laufen Sturm!«, titelt der Journalist, dem du kürzlich die Kooperation verweigert hast. In der nun folgenden Kampagne haben die anderen das Ohr der Medienvertreter, nicht du. Es entsteht ein vollkommen verzerrtes Bild der Sachlage, deine Fraktion beginnt an dir zu zweifeln, deine Partei berichtet von empörten Anrufen und Austrittsdrohungen. Leserbriefschreiber greifen dich persönlich an. Es gelingt dir zwar irgendwann, eine Gegendarstellung in die Medien zu bringen, aber du kannst dich auf den Kopf stellen, der Eindruck lässt sich nicht mehr korrigieren. Der Ruf des Baumschänders bleibt an dir hängen, auch wenn zwei Jahre später die Planungen mit geringfügigen Änderungen so umgesetzt werden wie vorgetragen.

Lektion

Ein arbeitstaugliches Verhältnis zur Presse zu haben, ist für die Politikerin von entscheidender Bedeutung. Wer hier keine Strategien entwickelt, kann den Job gleich bleiben lassen. Die Frage ist nur: Wie geht man vor? Und vor allem: Wie weit geht man?

Zunächst einmal muss man sich vom Ideal, oder besser: von der Illusion der Objektivität verabschieden. Die Dinge geschehen, und jeder, der davon erfährt, macht sich sein eigenes Bild davon. Dieses ist beeinflusst vom persönlichen Hintergrund, den Interessen, der politischen Ausrichtung, der Qualität der Informationen. Dies gilt auch für die Vertreter der Medien, die in diesem Prozess der Meinungsbildung eine Schlüsselstellung innehaben. Schätzt der Schreiber den, über den er schreibt? Passt der ihm politisch? Kapiert die Journalistin, worum es geht? Ist sie überhaupt in der Lage, die Zusammenhänge zu erkennen, hat sie genügend Zeit zur Recherche? Viel Blödsinn, der geschrieben wird, ist nicht einmal böse gemeint. Vielleicht hat der Schreiber nur aus dem unablässig durch die Stadt wabernden Geschwätz Untaugliches herausgepickt und sollte endlich einmal seine Informantinnen auswechseln. Auf jeden Fall erscheinen dem normalen Leser die Dinge nicht so, wie sie wirklich sind (was, nach dem oben Gesagten, gar nicht so leicht zu definieren ist, denn auch die Insider haben ihre jeweils eigene Brille auf), sondern so, wie er sie morgens in der Zeitung präsentiert bekommt. Wer sollte dem Leser das verdenken? Wenn er der Zeitung nicht glaubt, braucht er sie ja gar nicht erst aufzuschlagen.

Dies wissend, muss sich die Politikerin aktiv um die Medien bemühen, muss ihnen die Hintergründe ihrer Arbeit vermitteln und ihre Ziele, aber auch – falls sie ihrem Gesprächspartner einigermaßen vertrauen kann – ihre Schwierigkeiten bei der Umsetzung schildern. Dabei muss sie ihre Sichtweise darlegen, in ihrer Sprache, muss der Diskussion ihren Stempel aufzudrücken versuchen. Sie muss gegenhalten gegen die vielen, die täglich bei den Medien auf der Matte stehen, um ihnen eine andere, nämlich die jeweils eigene und womöglich feindselige Sicht der Dinge unterzujubeln, in Hinterzimmern, in Bars, in Redaktionsstuben, in einschlägigen Zirkeln. Denen darf die Politikerin die Definitionshoheit nicht überlassen, sonst gehört sie der Katz.

Wie weit sie sich dabei auf Deals einlässt nach dem Prinzip: Eine Hand wäscht die andere, das muss sie selbst entscheiden. Jeder Deal produziert seinerseits Abhängigkeit und beschädigt die Glaubwürdigkeit der Politik. Hilfreich sind unterschiedliche, voneinander unabhängige Medien am Ort. Vielfalt verschafft politischen Spielraum. Schwierig wird es, wenn die Politik, weil sie die Ausrichtung der Zeitung kennt, schon während sie handelt, Angst hat vor dem, was morgen im Blatt zu lesen sein wird. So verliert sie ihre Handlungsfreiheit und rechtfertigt dann tatsächlich die verächtlichen Kommentare, die sie zu vermeiden sucht.

Der Vorgang verunsichert dich zutiefst. Was tust du?

- ◯ 1. *Du sagst öffentlich nur noch das Allernötigste.*
- ◯ 2. *Du fügst dich dem Spiel des Gebens und Nehmens und versorgst Journalisten deiner Wahl regelmäßig mit interessanten Informationen.*
- ◯ 3. *Du lässt die Sache an dir abtropfen und gehst davon aus, dass die Menschen auch wieder vergessen.*
- ◯ 4. *Du beschwerst dich bei der Chefredaktion über den Journalisten und drohst an, den Fall dem Deutschen Presserat zu melden.*

DER SPONSOR

Der Unternehmer hat sich auf zehn Uhr angesagt. Das Büro der Bürgermeisterin, die auch die Vertretung des Oberbürgermeisters wahrnimmt, ist vorbereitet, der Couchtisch vor der bescheidenen Sitzgruppe abgestaubt, der Kaffee wartet. Er tritt ein, die Vorzimmerdamen nehmen ihm den Mantel ab. Durch ihre halb offene Tür hat die Bürgermeisterin den Gast eintreten hören und kommt dem Unternehmer sogleich entgegen. Dieser arrangiert sich mit dem etwas durchgesessenen Sitzmöbel, nimmt eine Tasse Kaffee entgegen und kommt dann gleich zur Sache. Er lässt die Bürgermeisterin zunächst mit feinem Lächeln wissen, dass die Einladungen der Stadt leider immer sehr spät verschickt würden, zu knapp vor der jeweiligen Veranstaltung, so könne er sein Erscheinen naturgemäß nur sehr selten möglich machen. Ob man da nicht andere Wege finden könne.

Bevor die Bürgermeisterin die Sachzwänge innerhalb der Stadtverwaltung darlegen kann, kommt der Unternehmer auf das Projekt zu sprechen, für das ihn die Bürgermeisterin als Sponsor gewonnen hat. Ein Musikfestival mit der Qualität eines Alleinstellungsmerkmals soll etabliert werden. Das Projekt wird eine vorzügliche Außenwirkung entfalten und auch in die Stadt hinein segensreich wirken. Der Unternehmer hat sich mit einer namhaften Summe beteiligt und ist an einer hochwertigen, kostengünstigen und vor allem zeitnahen Umsetzung der Pläne interessiert. Er schlägt deshalb ein begleitendes Gremium vor, in dem auch er selbst und ein PR-Fachmann aus seiner Firma vertreten sein sollen. Die Bürgermeisterin stimmt selbstverständlich zu. Dies sei eine vertrauensbildende Maßnahme und könne der gemeinsamen Arbeit nur förderlich sein. Eine sehr gute Idee. Sie bedankt sich noch einmal bei ihrem Besucher für dessen überaus großzügiges Engagement, das das Projekt überhaupt erst möglich gemacht habe. Dann wechselt der Unternehmer kurz die Tonlage. Die Präsentation des Festivals auf der letzten Pressekonferenz habe ihn nicht zufriedenstellen können. Der Rahmen sei absolut nicht adäquat gewesen und die Unterlagen nicht ausreichend professionell. Er erwarte hier mehr Effizienz, schließlich bezahle er sie ja.

Die Bürgermeisterin hat eine andere Wertung der Situation, die sie aber nur andeutet. Im Übrigen hält sie sich mit Äußerungen zurück, bis der Unternehmer noch kurz auf ein kleines Problem zu sprechen kommt, das einen Verbandskollegen betreffe, wohnhaft im südlichen Stadtteil, in der Heidekrautstraße. Der habe immer wieder große Schwierigkeiten beim Ausfahren aus seinem Grundstück, da die Straße gegenüber, was häufig vorkomme, zugeparkt sei. Da ließe sich doch sicher Abhilfe schaffen, zum Beispiel durch Ausweisung eines Parkverbots. Die Bürgermeisterin verspricht, sich zu kümmern und zu sehen, was sich machen lasse, und hilft dann dem Unternehmer, der sich inzwischen aus dem Sessel hochgearbeitet hat, in seinen Mantel.

Was denkst du?

Dieser Unternehmer ist ziemlich schief gewickelt, denkst du. Die Politik wird doch nicht von den Unternehmen bezahlt! Auch dann nicht, wenn es um das Sponsoring eines bestimmten Projektes geht. Was ist denn das für eine Vorstellung. Die hat in einer Demokratie nichts zu suchen. Die gehört ins 19. Jahrhundert, als der politische Einfluss noch nach dem Besitz gestaffelt war. Selbstverständlich zahlen einige Leute mehr Steuern als andere. Aber sie haben ja auch mehr davon, wenn der Staat oder die Stadt für sie Verkehrswege baut und Arbeitskräfte ausbildet, wenn die Gesellschaft, von der sie leben, gut funktioniert. Das müsste der Unternehmer eigentlich wissen. Wäre Politik käuflich, würde dies zu nichts Gutem führen. Man kennt das ja von den Fuggern, die haben sich einen Kaiser gekauft und halb Europa von sich abhängig gemacht. Diese Zeiten sind ja wohl hoffentlich vorbei.

Bei deinem ersten Sponsorengespräch behältst du diese Überlegungen allerdings für dich. Die Haushaltslage der Stadt ist im Augenblick äußerst angespannt. Das Jugendprojekt, das du mit einem großen Kreis von Akteuren geplant und sehr schön aufs Gleis gesetzt hast, ist erst zu einem kleinen Teil finanziert und wird aus dem Haushalt fliegen, wenn du nicht mindestens fünfzig Prozent Sponsorenanteil mitbringst. Gelingt dir das, imponiert dein Erfolg nicht nur dem Koalitionspartner und dem politischen Gegner, sondern auch dem Kämmerer, der es mit Wohlwollen betrachtet, wenn private Mittel in städtische Aktivitäten fließen. Ohne Sponsoren aber ist das Projekt gestorben und all das Engagement auch der vielen Ehrenamtlichen war für die Katz. Zudem wurde dir von den ausgezeichneten Beziehungen deines Gesprächspartners zur Staatsregierung berichtet. Ein gutes Wort von ihm könnte auch dort Wunder wirken. Vielleicht ist eine kleine staatliche Unterstützung möglich oder zumindest die Teilnahme der zuständigen Staatsministerin bei der Eröffnung der Projektwoche.

Das Büro des Geschäftsführers im siebten Stock gewährt einen weiten Blick über die Stadt, für die du Verantwortung trägst. Du wirst mit großer Zuvorkommenheit empfangen.

Auf dem Tisch stehen verschiedene Säfte und kleines Gebäck zum Kaffee bereit. Dein Gesprächspartner entpuppt sich als äußerst anregender Mensch. Er legt dir zunächst die Sponsoringstrategie seines Unternehmens dar, die ihren Schwerpunkt bei Jugend und Bildung sieht, insofern passt dein Projekt genau ins Profil. Ziel sei dabei nicht nur, den Arbeitsmarkt mit gut ausgebildeten Mitarbeiterinnen zu versorgen. Nein, man wolle auch einen Teil zum Gedeihen der Gesellschaft in der Stadt, ja im ganzen Land beitragen. Schließlich profitiere man vom sozialen Frieden und der Wettbewerbsfähigkeit des Landes. Auch den übergreifenden Zusammenhang hat der Gesprächspartner im Blick. Der Weg zu weltweiter Gerechtigkeit und Frieden führe nur über Bildung für alle.

Du findest passende Worte der Erwiderung, der Boden für eine fruchtbare Zusammenarbeit ist bereitet. Das Wort von der Win-win-Situation fällt. Der Geschäftsführer kann sich sogar vorstellen, seine innerbetriebliche Ausbildung mit dem Projekt zu vernetzen. Gemeinsam genießt ihr noch den Blick auf die schöne Stadt. Du bist hoch zufrieden, weil dir etwas gelungen ist, das dieses Gemeinwesen voranbringen wird. Bis dir wieder die Fugger einfallen und du dich fragst, ob du soeben viel dazugelernt oder dich einfach nur verbogen hast. Bestimmte Leute, die dich gewählt haben, würden nun mit Sicherheit die Systemfrage stellen.

Lektion

Sponsoring ist ein Geschäft auf Gegenseitigkeit. Die Stadt ist in bestimmten Bereichen auf private Mittel angewiesen, und die Unternehmen möchten Entwicklungen, die ihnen wichtig erscheinen, fördern und sich in angemessenem Rahmen präsentieren. Wer grundsätzlich auf private Mittel verzichten will, hat durchaus gute Argumente auf seiner Seite, sollte sich dann aber nicht beklagen, wenn auf einmal für das Förderschulprojekt oder das Stadtteilfest kein Geld mehr da ist.

Außerdem ist da die durchaus überzeugende Idee der Zivilgesellschaft, die nicht alle Aufgaben auf den Staat oder die Stadt schiebt, sondern sich für gemeinsame Ziele mitverantwortlich fühlt. Die Stadt ist gut beraten, dies zu fördern. Sie kann und soll nicht alles alleine machen. In der Kultur (oder im Sport und auch anderswo) ist kaum ein Projekt mehr vorstellbar ohne private Unterstützung. Im Gegenteil, es fällt schon auf, wenn nicht einige gewichtige Sponsoren dabei sind. Dann kann es ja nichts Gescheites sein. Wer also nicht auf diese Möglichkeit verzichten will, muss seine Rolle in diesem Spiel finden. Die Politikerin wird darauf achten, dass Ziel und Charakter des Vorhabens durch die Politik definiert werden. Aber sie ist dem Sponsor zugleich dankbar, dass er sich für ihr Projekt entschieden hat und nicht für das des Konkurrenten, und sie zeigt ihm das auch. Die Vernetzung von Politik und Wirtschaft kann also durchaus von Vorteil sein. Allerdings lehrt die Erfahrung, dass der Weg vom Netzwerk zur Seilschaft ein sehr kurzer ist.

Schwierig wird es, wenn Projekte schon mit Blick auf Sponsorenwünsche konzipiert werden. Wenn die politische Linie verunklart wird, zum Beispiel bei Veranstaltungen im öffentlichen Raum. Die Straßen und Plätze in der Stadt sind Orte, wo die Bürgerinnen sich treffen, austauschen, auch einmal ein gemeinsames Fest feiern. Sobald aber der Kommerz das Bild bestimmt, werden Innenstädte zur Kulisse für den Aufmarsch der Eventagenturen, und der öffentliche Raum wird käuflich. Wenn die Politik nicht die Linie vorgibt, dann mutiert der Bürger zum Kunden. Dann wird gemacht, was sich rechnet, und nicht, was die Gesellschaft zusammenhält.

Du bist verwirrt, weil deine bislang gepflegten Vorurteile ins Wanken geraten. Was tust du?

○ 1. *Um dich gegen alle Versuchungen zu wappnen, liest du noch einmal die Geschichte der Fugger nach (vor allem wie sie die Niederschlagung der Bauernaufstände finanziert haben).*

○ 2. *Du stellst eine Mitarbeiterin für die Sponsorenakquise frei (die männliche Form ist hier nicht tauglich, weil Frauen nachweislich leichter Kontakt zu den Herren in den Chefetagen finden – und Männer sind dort nach wie vor in der Überzahl).*

○ 3. *Du lässt dir dein Büro endlich auch so einrichten, dass du dich mit den Damen und Herren der Wirtschaft auf Augenhöhe befindest.*

○ 4. *Du nimmst dir vor, bei Sponsorenprojekten inhaltlich keine Kompromisse einzugehen, die du politisch nicht verantworten kannst.*

DIE INTRIGE

Ein Gerücht geht durch die Stadt. Wo immer man in Hinterzimmern zusammensitzt, taucht es auf und erregt die Gemüter, es schwirrt über den Stadtmarkt und durchs Theaterfoyer, auch bei Empfängen macht es die Runde, hinter vorgehaltener Hand, versteht sich, und wird im Lauf des Abends nach Kräften angereichert und ausgeschmückt. Es findet Eingang ins Internetforum der Zeitung und sorgt dort für einen rasanten Anstieg der Beteiligung, bis die Rubrik vom Moderator wegen einer Häufung beleidigender Beiträge geschlossen wird. Selbst während der Stadtratssitzung wird getuschelt und gefeixt. Es geht um die Oberbürgermeisterin.

Die Oberbürgermeisterin ist eine lebenslustige Person, seit zwanzig Jahren verheiratet mit einem etwas blassen, um nicht zu sagen mausgrauen Menschen. Diese Oberbürgermeisterin soll nun, so geht das Gerücht, dem Charme des deutlich jüngeren und recht gut aussehenden Herrn Dr. Schrunz erlegen sein. Man habe die beiden beobachtet, wie sie sich beim Opernball in eindeutiger Weise in die Augen geschaut hätten, man habe eine verhüllte Gestalt aus der Wohnung des Herrn Dr. Schrunz schleichen sehen, die niemand anders gewesen sein könne als die Oberbürgermeisterin. Sie sei, auch das wird in der ganzen Stadt geglaubt, sogar für ein paar Wochen zu Hause ausgezogen, nun aber wieder zurückgekehrt. Es gibt Leute, die ihren Privatwagen verdächtig oft in der Hohenzollernstraße, wo Herr Dr. Schrunz wohnt, entdeckt haben wollen. Andere sahen den Wagen – zwei Mal! – in der Hohenstaufenstraße, wo Dr. Schrunz nicht wohnt, wo man aber gerade deshalb ein geheimes Liebesnest vermutet.

Nun wäre eine kleine Affäre noch nicht weiter schlimm, da sind die Hinterzimmer großzügig. Man würde der Oberbürgermeisterin angesichts ihrer häuslichen Verhältnisse ein bisschen Abwechslung sogar gönnen. Was man aber nicht gutheißen kann, ist die Tatsache, dass eben dieser Herr Dr. Schrunz von der Oberbürgermeisterin vor Kurzem zum neuen Leiter des Eigenbetriebs Altenhilfe ernannt wurde, von ihr persönlich im Ausschuss durchgeboxt, wie kolportiert wird, in einer Kampfabstimmung gegen Herbert Laber, den langjährigen Leiter des Sparkassenstifts, der in der Stadt aufgewachsen und mit ihren Verhältnissen und insbesondere ihren Altenheimen so vertraut ist wie niemand sonst. Herr Dr. Schrunz kommt von außerhalb. Und nun will es das Gerücht, dass die Oberbürgermeisterin diesen Dr. Schrunz nur deshalb in die Stadt geholt und dem Herbert Laber vorgezogen habe, weil sie ihm auf einer ihrer Dienstreisen haltlos verfallen sei. Und deshalb habe sie ihm den Job verschafft. Wer weiß, flüstert man sich zu, vielleicht hat er sie auch unter Druck gesetzt, in einer solchen Position ist man ja leicht erpressbar. Es soll sogar entsprechende Faxe geben äußerst kompromittierenden Inhalts.

So allgegenwärtig das Gerücht auch ist, den Weg in die Zeitung schafft es nicht. Irgendwann sickert in die Hinterzimmer die Botschaft ein, ohne allerdings jedermann zu überzeugen, an alledem sei kein Wort wahr, es handele sich um eine Intrige, im Vorfeld der Wahl vom politischen Gegner in die Welt gesetzt. Die Oberbürgermeisterin geht öffentlich mit keinem Wort auf die Sache ein. Das Gerücht schwächt sich ab, ohne aber ganz zu verschwinden, und kostet sie bei der nächsten Wahl mindestens drei Prozentpunkte.

Was denkst du?

Vielleicht ist ja was dran an der Sache. Möglich ist alles in der Politik. Traurig, aber wahr. Am Ende läuft doch fast alles über Beziehungen.

Deine eigenen Erfahrungen mit Intrigen beginnen schleichend. Auch über dich gibt es ein Gerücht, das dir schon ein oder zwei Mal zu Ohren gekommen ist, du hast es bislang allerdings an dir abgleiten lassen. Mit solchem Hinterzimmergeschwätz willst du dich nicht abgeben, wo käme man denn hin, wenn man sich auch darum noch kümmern wollte. Was da geredet wird, ist so abwegig, das merkt doch jeder vernünftige Mensch sofort. Du beschließt, deine Energie ungeteilt deinen politischen Vorhaben zu widmen und mit gezielter Naivität zu übergehen, was im Hinter- oder Untergrund brodelt. Bis auf einmal die Presse bei dir vorspricht. Offenbar wird das Gerücht in der ganzen Stadt als Faktum behandelt.

Es ist nach dem gleichen Muster gestrickt wie die Schrunz-Geschichte. In deinem Fall geht es um einen gewissen Herrn Pfiffig, die Organisationsleitung des großen Jugendfestivals und deine Tochter. Die intime Beziehung, die zwischen ihr und Herrn Pfiffig konstruiert wird, ist zwar frei erfunden, bringt dich aber trotzdem in den Verdacht der Günstlingswirtschaft.

Du erzählst dem Mann von der Presse, dass deine Tochter mit dieser Angelegenheit nicht das Geringste zu tun hat. Du verweist auf das transparente Auswahlverfahren sowie den einstimmigen Ausschussbeschluss. Der Journalist lässt sich davon allerdings nicht beeindrucken, sondern trägt, indem er wichtige Personen des öffentlichen Lebens mit dem

Gerücht konfrontiert, zu dessen weiterer Verbreitung bei. Jeden Tag musst du fürchten, dass die Zeitung, die dir nicht gewogen ist, in die Sache einsteigt.

Das Gefühl der Ohnmacht ist schwer zu ertragen. Du fühlst dich verfolgt, beschmutzt. Man traut dir ein Verhalten zu, das zu bekämpfen dein ureigenstes politisches Anliegen ist. Du dachtest, man kennt dich in der Stadt, und nun wirst du in diese dreckige Ecke gestellt. Von dem Journalisten abgesehen, spricht dich nie jemand direkt auf die Sache an, so dass du keine Gelegenheit hast, der Verleumdung entgegenzutreten. Du musst erleben, wie sogar nahe Freunde von dir abrücken, weil sie die Geschichte glauben.

Du fragst in der Rechtsabteilung nach, was in einem solchen Fall zu tun ist. Schließlich bist du kein Freiwild. Doch leider kann man dir dort auch nicht helfen. Die Verbreitung von Gerüchten ist juristisch schwer zu fassen. Wird tatsächlich Anklage erhoben, ist die Sache längst um die Ecke, bis das Verfahren beginnt. Und dann wird die ganze Unappetitlichkeit erneut in aller Öffentlichkeit breitgetreten, damit auch noch der Letzte in der Stadt von der Geschichte erfährt. Die Rechtsabteilung rät: aussitzen.

Du überlegst, wer das Gerücht in die Welt gesetzt haben könnte. Nach Lage der Dinge kommt dafür eine ganze Reihe von Personen infrage. Die Bewerber für die Leiterstelle, die nicht zum Zuge kamen; der politische Gegner, der das vielversprechende Festival untergraben will; die Kolleginnen aus der Koalitionspartei, denen deine Erfolge schon seit Langem ein Dorn im Auge sind; deine Weggefährten aus früheren Zeiten, die deinen Aufstieg mit Missmut beobachtet haben und finden, du habest zu wenig für sie getan. Im Grunde kann es jeder sein, der sich durch dein politisches Gewicht in seinem Glanz verdunkelt fühlt und Lust hat, dir einen Dämpfer zu verpassen.

Und dann natürlich die bewährten Kräfte in der Stadt, die Platzhirsche, die es nicht aushalten, dass einer, der von außen kommt, es besser können soll. In einer solchen Situation kommt der Vorwurf der Vetterleswirtschaft wie gerufen. Du kannst dir vorstellen, wie die Platzhirsche aus lauter Angst vor dem drohenden Bedeutungsverlust geradezu zwangsläufig auf die Idee kommen wollen, hier gehe etwas nicht mit rechten Dingen zu. Während sie das Gerücht noch erfinden, glauben sie es schon selbst. Und das Weltbild ist wieder in Ordnung.

Keiner der Genannten, das ist dir klar, hat ein Interesse an Aufklärung und Richtigstellung, ganz im Gegenteil. Du kannst also nur hoffen, dass möglichst bald ein neues, noch dümmeres Gerücht auftaucht und deine Geschichte in den Hintergrund drängt.

Lektion

Politische Intrigen sind so alt wie die Menschheit. In der Politik geht es um Macht. Da werden Gelder und Geltung verteilt, Positionen und gesellschaftlicher Einfluss vergeben. Zwar gibt es für dieses Spiel offiziell klare Regeln, aber nicht jedem gefällt es, sich daran zu halten. Oft verspricht eine klug eingefädelte Intrige den rascheren Weg zum Erfolg. Das Spinnen von Intrigen ist eine große Kunst und ein weites Feld. Hier seien nur zwei konkrete Anwendungsmöglichkeiten genannt: das Lancieren von sensiblem oder gefälschtem Material, das die politische Gegnerin in ein schiefes Licht rückt; und das gezielt in Umlauf gebrachte Gerücht.

Der Bürger ist aufgrund entsprechender Medienberichte

bereit, dem Treiben auf der politischen Bühne mit größtem Misstrauen zu begegnen. Dort versucht doch jeder, denkt er, sein Schäfchen ins Trockene zu bringen, egal mit welchen Mitteln. Zudem kennt der Bürger dieses Verhalten auch aus dem eigenen Umfeld, vielleicht sogar von sich selber, warum sollte es in der Politik anders sein? Die Verbindung von Macht, Geld und Sex leuchtet ihm ein. Gerüchte dieser Art fallen also auf fruchtbaren Boden. Einen großen Unterhaltungswert haben sie obendrein.

Ob ein Politiker sich in diese Welt begeben will, muss er sorgfältig abwägen. Hat er die Nerven dazu, sich solcher Mittel zu bedienen, hat er die Skrupellosigkeit? Will er seinen Erfolg tatsächlich einer Intrige zu verdanken haben? Umgekehrt muss der Politiker wissen, dass sein Entschluss, sich aus diesem Dunstkreis herauszuhalten, nicht zwangsläufig dazu führt, dass er nicht irgendwann selbst hineingezogen wird. Dies kann jedem jederzeit passieren, und irgendwas bleibt immer hängen.

Deine erste Erfahrung mit der Intrige verleidet dir die Arbeit. Was tust du?

- ○ 1. *Du hast die Nase voll und schmeißt den Bettel hin.*
- ○ 2. *Du versuchst, der Öffentlichkeit klarzumachen, was hier gespielt wird.*
- ○ 3. *Du denkst dir selber eine Intrige aus.*
- ○ 4. *Du hängst dir das Sprichwort übers Bett: Wem es in der Küche zu heiß ist, der sollte nicht Koch werden.*

DIE MACHT

Der Bürgermeister betritt sein Büro, es ist kurz nach acht. Das Büro ist geräumig, der Sessel bequem, er wirft den Computer an und checkt seine E-Mails. Gestern Abend ist es spät geworden, er hat in einem der Clubs der Stadt einen Vortrag gehalten und ist danach beim Wein noch hängen geblieben, interessante Leute, ein intensiver Abend, besonders wach ist er heute Morgen nicht. Aber nun erscheint Frau Flink mit dem Terminkalender, und er spricht mit ihr den Tag durch, die Mühle beginnt sich zu drehen. Er sagt ihr, welche Gesprächspartnerinnen er heute am Telefon braucht, sie legt ihm die Postmappen auf den Schreibtisch.

Zum ersten Termin erscheinen die Mitglieder der Lenkungsgruppe Konzerthalle. Das Projekt befindet sich in einer heiklen Phase. Es sieht so aus, als ob die angestrebten Energieverbrauchswerte nicht eingehalten werden können. Der Bürgermeister ist kein Baufachmann, trotzdem hat er die Verantwortung. Er hat den Eindruck, dass es sich nicht allein um ein technisches, sondern auch um ein Abstimmungsproblem handelt, er spürt Animositäten zwischen den Beteiligten. Seine Aufgabe ist es, das Gespräch der anwesenden Fachleute so zu steuern, dass sich ein gangbarer Weg ergibt. Am Ende scheint es ihm gelungen zu sein, den Knoten zu lösen, die Erleichterung ist groß.

Dann tritt eine offenbar mit Vermögen gesegnete Dame auf, die den städtischen Sammlungen zwei Gemälde zum Verkauf anbieten will. Es sei, erklärt sie, eine einzigartige Gelegenheit, den hiesigen Sammlungsschwerpunkt zu komplettieren, zumal der Schöpfer der Bilder einige Jahre in der Stadt verbracht habe. Der Bürgermeister reagiert höflich, aber zurückhaltend, er will sich noch beraten lassen. Im Grunde hat er bereits entschieden, das Angebot nicht anzunehmen, die Kosten sind angesichts der Finanzkrise unanständig hoch. Vielleicht findet sich ja ein Sponsor. Wenn er Pech hat, geht die Dame zur Presse und setzt ihn unter Druck, aber das muss er dann eben aushalten.

Nun ist eine Stunde reserviert für die Referatssachbearbeiterinnen. Es ist höchste Zeit, dass er die Beschlussvorlagen für den nächsten Ausschuss absegnet und unterschreibt. Der Ausschuss ist das Gremium, das er als erstes von seinen Vorhaben überzeugen muss, die nächste Hürde ist der Stadtrat. Er hat großen Respekt vor der Kompetenz der Mitarbeiterinnen, sie haben die Themen gut verdichtet und verwaltungstauglich formuliert. Nur an wenigen Stellen setzt er etwas deutlichere Akzente. Seine Aufgabe ist die politische. Er hat mit der Oberbürgermeisterin und den Vertretern der Fraktionen gesprochen, den Betroffenen und Beteiligten, er hat Begeisterung zu wecken und Vorbehalte auszuräumen versucht und ist nun zuversichtlich, dass er, wie bisher fast immer, seine Punkte durchbringen wird. Das von einer Bürgeraktion angeregte Projekt einer künstlerischen Umnutzung der aufgelassenen Bettenfabrik hat nun eine sehr schöne Struktur gefunden, die Leute sind derart engagiert, das kann keiner ablehnen. Und mit Erleichterung und Vergnügen legt er den Vertrag für die neue Leiterin des Stadtmuseums zur Entscheidung vor. Nichts ist wichtiger, als für herausgehobene Positionen herausragende Menschen zu finden. Es hat sich gelohnt, eine Findungskommission einzusetzen und diese so wichtige Personalie durch ein transparentes Verfahren dem Parteiengezänk und dem Geschwätz der Hinterzimmer zu entziehen. Der Vorschlag der Kommission ist hervorragend und wird im Ausschuss durchgehen wie Butter.

Zwischen den Terminen, gelegentlich – wenn es sehr dringend ist – auch in die Gespräche hinein, vermittelt Frau Flink die verabredeten Telefonate. Über den Bildschirm laufen die eintreffenden Mails. Die Poststapel liegen noch unbearbeitet. Der Bürgermeister hat gar keine Zeit zu bemerken, dass er nicht ausgeschlafen ist. In die Amtsleiterinnenkonferenz geht er entspannt – da herrscht ein angenehmes Klima, alle ziehen an einem Strang. Danach meldet Frau Flink eine Mitarbeiterin des Messebetriebs. Dort ist es offenbar zu Spannungen zwischen den Kollegen gekommen, die den Arbeitsablauf beeinträchtigen. Das darf nicht sein, darum will er sich umgehend kümmern. Die Energien der Mitarbeiter sollen sich frei entfalten und nicht gegeneinander richten. Frau Flink mahnt nun Eile an, der Wagen wartet schon. Es geht in die Lindenallee, dort feiert Herr Greis heute seinen hundertsten Geburtstag. Der Bürgermeister überbringt die Glückwünsche der Stadt. Er wird sehr herzlich empfangen, was ihn freut, auch wenn er weiß, das Willkommen gilt nicht seiner Person, sondern seinem Amt. Eine rührende Viertelstunde mit dem Jubilar und der Verwandtschaft, die ihn allerdings die Mittagspause gekostet hat. Es reicht nur für eine Schinkensemmel aus der Bäckerei. Auf der Straße spricht ihn eine ältere Dame an, sie will ihm nur einmal die Hand geben, weil sie ihn immer im Fernsehen sieht. Im Treppenhaus begegnet er Mitarbeiterinnen der Verwaltung, die gerade vom Essen kommen. Sie grüßen den Herrn Bürgermeister respektvoll, aber auch gerne, wie ihm scheint, während zwei Unternehmer, die zu einem Termin im Wirtschaftsreferat unterwegs sind, ihm vertraulich auf die Schulter klopfen. Der Bürgermeister fühlt sich in seinem Amt zu Hause. Er genießt seine Macht.

Nun wechselt er die Krawatte und hebt damit sein Äußeres auf das erforderliche Niveau. Denn jetzt geht es zum Minister in die Landeshauptstadt, in schwieriger Mission. Die Stadt plant eine neue Galerie der Moderne, von der sie sich eine zukunftsoffene Ausstrahlung verspricht. Ohne beträchtliche Mittel von Seiten des Landes kann sie das Projekt nicht schultern. Aufgrund der Finanzkrise hat das Land jedoch seine Kulturausgaben gedeckelt. Wer jetzt mehr verlangt, stellt sich in Konkurrenz zu Vorhaben anderer Kommunen. Wegen der Bedeutung der Angelegenheit fährt die Oberbürgermeisterin selbst zum Minister, der Bürgermeister begleitet sie in ihrem Dienstwagen. Unterwegs besprechen sie ihre Strategie. Der Bürgermeister ist gut vorbereitet, die Worte fliegen ihm zu, die neue Galerie erscheint als wünschenswert, ja unverzichtbar, auch für das Land. Der anfänglich sehr reserviert dreinblickende Minister taut auf, fragt nach, zeigt reges Interesse. Auf der Heimfahrt hat der Bürgermeister ein sehr gutes Gefühl. Natürlich sind noch viele Hürden zu überwinden, aber das war wohl der Durchbruch.

Als er ins Büro zurückkommt, sind die Mitarbeiterinnen schon gegangen. Eine Stunde hat er noch, er nimmt sich die Postmappen vor und überprüft mit einem Auge die E-Mails auf Eiliges mit Handlungsbedarf. Das Grußwort, das man ihm für den Abendtermin geliefert hat, gefällt ihm nicht wirklich, daran muss er nachher, während seine Vorredner sprechen, noch ein bisschen arbeiten. Und schon muss er weiter, die Ministerkrawatte passt auch für die Abendveranstaltung bei der IHK. Nach dem offiziellen Teil dort nutzt er den Empfang, um noch das eine oder andere zu regeln und abzusprechen. Auch in diesem Kreis fühlt er sich als Gesprächspartner geschätzt, mit manchen verbinden ihn inzwischen persönliche Freundschaften, er bringt Menschen und Ideen zusammen.

Nach Hause kommt er spät, aber zufrieden. Fast alles, was er sich vorgenommen hat, scheint zu gelingen. Er hat viel riskiert, gerade das Bettenfabrikprojekt barg einige Tretminen in sich und stand mehrmals kurz vor dem Aus. Ein Scheitern hätte ihn in Schwierigkeiten bringen können. Aber nun läuft es rund, der Mut hat sich ausgezahlt, der Erfolg schützt und trägt ihn. Er hat die Macht, die Stadt ein Stück weit in seinem Sinne zu prägen und zu entwickeln, und er nutzt sie.

Was denkst du?

Das ist der Punkt! Das willst du nicht vergessen, auch wenn es manchmal hart zugeht. Du wolltest etwas verändern, und du kannst etwas verändern! Du hast die Macht dazu. Was du tust, hat einen Sinn! Und ist sichtbar. Für andere, aber auch für dich.

Es stimmt schon: Du rödelst von morgens bis in die Nacht. Das dankt dir keiner, im Gegenteil. Du wirst angegriffen und musst kämpfen, weil du nun Macht hast und direkt in den Streit der Interessen eingreifst. Weil du herausgehoben bist. Damit wirst du automatisch zur Zielscheibe. Das ist dir erst allmählich klar geworden. Du bemühst dich, deine Sache gut zu machen. Und plötzlich ist da Widerstand. Du wunderst dich. Das sind doch alles sinnvolle Projekte! Da kann doch keiner etwas dagegen haben.

Der Widerstand kommt von denen, die durch die Veränderung Nachteile erfahren und in den Schatten geraten. Irgendwer verliert immer, und wenn es nur Geltung und Einfluss ist. Und diese Unzufriedenheit wird vom politischen Gegner aufgenommen. Du hast begriffen: Wenn du etwas bewegen willst, musst du den Kampf aushalten. Das gehört dazu.

Und es gelingt, zu deiner eigenen Überraschung. Du kannst in diesem Haifischbecken Strategien entwickeln, von denen du überzeugt bist, dass sie die Stadt voranbringen. Nicht alles gelingt, und nicht alles gelingt so, wie du es dir vorstellst. Manche der Bretter, die du zu bohren hast, sind sehr dick. Und du machst Fehler. Lässt dich täuschen, verrennst dich bisweilen. Meist verläuft der Weg zum Ziel verschlungen und unberechenbar. Aber das Gefühl der Ohnmacht ist verschwunden. Du kannst gestalten. Du hast vielleicht nicht die Welt gerettet, aber doch sonst einiges zustande gebracht.

Auch die Auseinandersetzungen sind belebend! Du siehst, was in dir steckt, du entwickelst Kampfeslust und auch die Fähigkeit, deine Kräfte und Möglichkeiten gezielt einzusetzen. Du wächst an der Herausforderung. Du merkst, hier ist alles gefordert, was du hast und kannst. Du musst dich mit Haut und Haar hineinbegeben. Dir ist niemals langweilig. Du lernst sogar, dich diplomatischer zu benehmen. Gelegentlich spürst du so etwas wie Glück.

Und das ist großartig. Dafür lohnt es sich zu leben. Wie sich dein Horizont erweitert! Was für erfüllende Aufgaben du hast! Welchen Einblick du gewinnst in die Vielfalt, mit der die Menschen in der Stadt ihr Dasein gestalten! Was für Kenntnisse du erhältst über die Vorgänge hinter den Kulissen der Macht. Mit was für interessanten und engagierten Leuten du zusammenkommst, auf allen Ebenen! Da ist Glanz. Da ist Leichtigkeit. Da ist Buntheit. Da ist Leben. Du bist mittendrin.

Lektion

Macht zu haben ist für jeden Menschen erhebend. Der eine nutzt sie so, der andere so. Die Macht ist allerdings auch schnell wieder dahin. Solange man sie hat, wird man gekannt und gegrüßt. Man hat einen Platz in der ersten Reihe mit Namensschild und bekommt Blumen und Geschenke, auch Komplimente. Nach einem Spatenstich darf man den silbernen Spaten mit nach Hause nehmen. Wenn man in der Verwaltung anruft, erhält man sofort Auskunft und Zuarbeit. Ständig melden sich die Medien und wollen Termine. Gleichzeitig muss man wissen: Irgendwer sägt immer am Stuhl. Gut ist es, wenn man weiß, wer das ist und was er vorhat.

An die Macht muss man sich gewöhnen. Man hat sie, und die anderen wissen, dass man sie hat, und verhalten sich entsprechend, und deshalb muss man sie auch ausüben. Man muss Verantwortung übernehmen und Entscheidungen treffen, ob man will oder nicht. Man disponiert über Millionenbeträge. Man führt in den Ausschüssen den Vorsitz und sitzt nicht zum Spaß in der ersten Reihe, sondern als öffentliche Person. Man muss die Rolle einnehmen. Die Macht verändert den Menschen, der sie hat, was der Umgebung sofort auffällt, dem Menschen selbst nicht immer.

Die Macht braucht Erfolg. Wer keinen Erfolg hat, muss aufpassen. Deshalb scheut die Politikerin auch oft vor riskanten Vorhaben zurück. Wenn sie in ein Projekt einsteigt, kann sie nie genau wissen, wo der Weg hinführt. Wichtig ist, dass sie weiß, das Vorhaben ist gut und richtig.

Man kann sich die Politikerin vorstellen, wie sie vor einem Schachbrett sitzt. Da gibt es unterschiedliche Figuren, Unternehmer, Baureferenten, Kulturschaffende, Presseleute, Ausschussmitglieder, Bürgerinitiativen, Kämmerer, Bundesbehörden, Zuschussgeberinnen und so fort. Jeder hat seinen eigenen Willen, seine Interessen, seine Eigenarten. Der Turm geht stur geradeaus, der Läufer muss immer schräg zu allem rennen, und der Springer kann nur den Rösselsprung. Der König kommt langsam voran und ist angreifbar, man braucht ihn aber unbedingt. Ohne ihn ist das Spiel verloren. Und dann die Dame! Die Starke im Spiel, wendig nach allen Seiten, aber auch ziemlich eigenmächtig und aggressiv. Und eitel. Diese Figuren muss die Politikerin nun in eine konstruktive Beziehung zueinander setzen, damit sie gewinnt. Verlangst du vom Bauern mehr als einen Schritt auf einmal, wirst du scheitern. Willst du den Turm zwingen, diagonal übers Brett zu laufen, wird das nichts. Gelingt es aber, dass jeder sich nach seinen Fähigkeiten entfalten kann, dann wird es ein gutes Spiel.

Zu diesem Spiel gehört auch der politische Gegner. Er wird der Politikerin immer wieder Hindernisse in den Weg legen. Dass er intrigiert und Unzufriedene aufhetzt, gehört dazu. Auch die eigene Unzulänglichkeit muss die Politikerin einbeziehen. Der Zufall spielt seine Rolle, der Zeitgeist ebenfalls, dazu der Schmetterlingsflügel der Chaostheoretiker. Manchmal sind die Umstände einfach günstig für ein Projekt, manchmal steht die Stimmung in der Stadt dagegen. Eine Kleinigkeit kann alles kippen. Und wenn es dann doch gelingt, kommt sie sich vielleicht vor wie der Reiter über den Bodensee. Sie hat Glück gehabt. Aber sie hätte jederzeit untergehen können.

Deshalb ist es auch ein guter Augenblick für die Politikerin, wenn sie die Macht wieder abgeben kann. Sie sammelt ihre Spielsteine ein, um eine große Last erleichtert, aber auch um eine große Erfahrung reicher. Jetzt kann sie wieder etwas anderes tun.

Du stellst mit Erstaunen fest, wie dich deine Arbeit beflügelt. Was tust du?

○ 1. *Du machst dir klar, dass dir die Macht nur auf Zeit gegeben ist.*

○ 2. *Weil du dir ein Leben ohne Macht nicht mehr vorstellen kannst, gehst du auch über Leichen, um sie zu behalten.*

○ 3. *Unter der Last der Verantwortung gibst du den Geist auf wie der Reiter über den Bodensee.*

○ 4. *Du gehst durch die Stadt und betrachtest mit Wohlgefallen, was du geleistet hast.*

Auswertung der Antworten

Der Einstieg
(S. 13)

Antwort 1 = 1 Punkt
Antwort 2 = 2 Punkte
Antwort 3 = 4 Punkte
Antwort 4 = 3 Punkte

Der Ortsverein
(S. 18)

Antwort 1 = 1 Punkt
Antwort 2 = 3 Punkte
Antwort 3 = 4 Punkte
Antwort 4 = 2 Punkte

Die Liste
(S. 23)

Antwort 1 = 4 Punkte
Antwort 2 = 1 Punkt
Antwort 3 = 2 Punkte
Antwort 4 = 3 Punkte

Der Infostand
(S. 29)

Antwort 1 = 1 Punkt
Antwort 2 = 3 Punkte
Antwort 3 = 4 Punkte
Antwort 4 = 2 Punkte

Der Populist
(S. 37)

Antwort 1 = 4 Punkte
Antwort 2 = 3 Punkte
Antwort 3 = 1 Punkt
Antwort 4 = 2 Punkte

Die Stadtratssitzung
(S. 42)

Antwort 1 = 1 Punkt
Antwort 2 = 3 Punkte
Antwort 3 = 4 Punkte
Antwort 4 = 2 Punkte

Die Beschlussvorlage
(S. 51)
Antwort 1 = 4 Punke
Antwort 2 = 1 Punkt
Antwort 3 = 3 Punkte
Antwort 4 = 2 Punkte

Die Frauen und die Männer
(S. 57)
Antwort 1 = 2 Punkte
Antwort 2 = 4 Punkte
Antwort 3 = 3 Punkte
Antwort 4 = 1 Punkt

Der Wahltag
(S. 63)
Antwort 1 = 1 Punkt
Antwort 2 = 3 Punkte
Antwort 3 = 4 Punkte
Antwort 4 = 2 Punkte

Die Referentenwahl
(S. 70)
Antwort 1 = 1 Punkt
Antwort 2 = 4 Punkte
Antwort 3 = 3 Punkte
Antwort 4 = 2 Punkte

Die Kleidung
(S. 76)
Antwort 1 = 3 Punkte
Antwort 2 = 2 Punkte
Antwort 3 = 1 Punkt
Antwort 4 = 4 Punkte

Die Klientel
(S. 82)
Antwort 1 = 2 Punkte
Antwort 2 = 1 Punkt
Antwort 3 = 4 Punkte
Antwort 4 = 3 Punkte

Das Grußwort (S. 91)	*Antwort* 1 = 4 Punkte *Antwort* 2 = 3 Punkte *Antwort* 3 = 2 Punkte *Antwort* 4 = 1 Punkt
Der Dienstwagen (S. 99)	*Antwort* 1 = 3 Punkte *Antwort* 2 = 4 Punkte *Antwort* 3 = 2 Punkte *Antwort* 4 = 1 Punkt
Die Finanzberatungen (S. 104)	*Antwort* 1 = 4 Punkte *Antwort* 2 = 2 Punkte *Antwort* 3 = 1 Punkt *Antwort* 4 = 3 Punkte
Der Bürgerwille (S. 111)	*Antwort* 1 = 1 Punkt *Antwort* 2 = 3 Punkte *Antwort* 3 = 2 Punkte *Antwort* 4 = 4 Punkte
Die Fassade (S. 121)	*Antwort* 1 = 4 Punkte *Antwort* 2 = 2 Punkte *Antwort* 3 = 3 Punkte *Antwort* 4 = 1 Punkt
Die Wirtschaft (S. 129)	*Antwort* 1 = 1 Punkt *Antwort* 2 = 2 Punkte *Antwort* 3 = 4 Punkte *Antwort* 4 = 3 Punkte

Die Medien (S. 136)	*Antwort* 1 = 1 Punkt
	Antwort 2 = 4 Punkte
	Antwort 3 = 3 Punkte
	Antwort 4 = 2 Punkte
Der Sponsor (S. 144)	*Antwort* 1 = 1 Punkt
	Antwort 2 = 3 Punkte
	Antwort 3 = 4 Punkte
	Antwort 4 = 2 Punkte
Die Intrige (S. 150)	*Antwort* 1 = 1 Punkt
	Antwort 2 = 2 Punkte
	Antwort 3 = 4 Punkte
	Antwort 4 = 3 Punkte
Die Macht (S. 156)	*Antwort* 2 = 2 Punkte
	Antwort 2 = 4 Punkte
	Antwort 3 = 1 Punkt
	Antwort 4 = 3 Punkte

Summe: ____________ Punkte

22-38 Punkte: Du hast es sicher selbst gemerkt: Eigentlich ist das nicht deine Welt. Du bist womöglich ein Idealist! Wir glauben nicht, dass du im politischen Alltag glücklich werden wirst, und raten dir von diesem Weg ab.

39-54 Punkte: Du machst es den Bürgerinnen nicht leicht und dir selber auch nicht. Das wird mühsam! Willst du dir das wirklich antun? Aber offenbar hast du doch ein bisschen Blut geleckt.

55-71 Punkte: Du kennst dich aus in dem Laden, auch wenn du nicht alles mitmachst. Wir können uns durchaus vorstellen, dass du in dem Job ganz zufrieden werden kannst.

72-88 Punkte: Um dich machen wir uns keine Sorgen. Du wirst dich durchsetzen! Wir raten dir allerdings, noch etwas an deiner politischen Kultur zu feilen.

Ulrich Beck
Nachrichten aus der Weltinnenpolitik
es 2619. 150 Seiten

Das letzte Jahr (August 2009 bis August 2010) hat gezeigt, daß die Unterscheidung zwischen Innen- und Außenpolitik ausgedient hat: In Pittsburgh berieten die G-20-Staaten über die Finanzkrise, in Kopenhagen rangen die Vereinten Nationen um ein Konzept zur Abwendung des Klimawandels, in London suchte man nach Lösungen für den Konflikt in Afghanistan. In diesem Jahr der verschwimmenden Grenzen hat Ulrich Beck notiert, was ihm auffiel: in den Medien und in der Wirklichkeit, global und lokal. In seinen Kolumnen, die u. a. in der *Frankfurter Rundschau* erschienen, bringt er Ordnung ins diskursive Durcheinander. Anders als eher normativ-philosophische Ansätze, die sich mit einer »reinen« Weltinnenpolitik befassen, nähert er sich der »unreinen real existierenden« Weltinnenpolitik induktiv im »Maulwurfverfahren« – »neugierig, zornig, provokativ, exemplarisch«.

Ulrich Beck, geboren 1944, ist Professor emeritus für Soziologie an der LMU München. Zuletzt gab er zusammen mit Angelika Poferl den Reader *Große Armut, großer Reichtum* (es 2710) heraus.

NF 385/1/12.10

Colin Crouch
Postdemokratie
Aus dem Englischen von Nikolaus Gramm
es 2540. 160 Seiten

»Postdemokratie«: Dieser Begriff des Politikwissenschaftlers Colin Crouch wurde nach dem Erscheinen der Originalausgabe seines Buches zum Kristallisationspunkt der Debatte um Politikverdrossenheit, Sozialabbau und Privatisierung. Crouch hat dabei ein politisches System im Auge, dessen demokratische Institutionen zwar weiterhin formal existieren, das von Bürgern und Politikern aber nicht länger mit Leben gefüllt wird. Der polemische Essay, der in Italien und Großbritannien bereits als Klassiker der Gegenwartsdiagnose gilt, liegt nun endlich auch in deutscher Übersetzung vor.

»Crouch hat lange am Europäischen Hochschulinstitut in Florenz gelehrt und arbeitet jetzt an der Universität von Warwick. Seinen Erfahrungshintergrund bilden die italienischen Verhältnisse unter der ersten Regierung Berlusconi und die britischen Entwicklungen unter Blair und ›New Labor‹. Crouch stellt den deutschen Leser vor die reizvolle Aufgabe zu prüfen, ob wir es hierzulande ebenfalls mit einer ›postdemokratischen‹ Überlagerung politischer durch wirtschaftliche Kategorien zu tun haben. Die Deformationen der Demokratie, die er beschreibt, vollziehen sich nicht als Bruch und plötzlicher Systemwechsel (wie nach 1989 in Mittel- und Osteuropa), sondern als schleichender, undramatischer Verrottungsprozess, als ein allmählicher »Substanzverlust der Demokratie« bei durchaus intakt bleibenden institutionellen Strukturen.«
Frankfurter Allgemeine Zeitung

NF 386/1/12.10

Franz Walter
Vorwärts oder abwärts?
Zur Transformation der Sozialdemokratie
es 2622. 142 Seiten

Jospin, Blair, Schröder: 1998 sah es so aus, als stünde die europäische Sozialdemokratie vor einem goldenen Zeitalter. Elf Jahre später hat die SPD 10 192 426 Stimmen verloren und sechs Parteivorsitzende verschlissen, die niederländische Partij van de Arbeid fuhr 2002 das schlechteste Ergebnis ihrer Geschichte ein, die schwedischen Sozialdemokraten 2006, die österreichischen 2008. Der »Dritte Weg« erwies sich als Weg ins Abseits, längst ist vom Ende einer Volkspartei die Rede. Es sieht so aus, als hätten die Sozialdemokraten keine überzeugende Antwort auf den radikalen Wandel der Arbeitswelt, auf Individualisierung und Globalisierung. Franz Walter, einer der profiliertesten deutschen Parteienforscher und ausgewiesener SPD-Experte, untersucht die Ursachen für den Niedergang der SPD, der, so Walter, schon 1973 begann. Er wirft einen Blick über die Grenzen Deutschlands und fragt, was Freiheit, Gleichheit und Solidarität in unserer Zeit bedeuten.

Franz Walter, geboren 1956, lehrt Politische Wissenschaften an der Universität Göttingen. Er kommentiert regelmäßig das politische Geschehen (u. a. in der *Zeit* und auf *Spiegel online*). In der edition suhrkamp erschienen zuletzt *Baustelle Deutschland* (es 2555) und *Charismatiker und Effizienzen. Porträts aus 60 Jahren Bundesrepublik* (es 2577).

NF 384/1/12.10